39세 부자 아빠의
레버리지 ETF 투자 노트

39세 부자 아빠의 레버리지 ETF 투자 노트

LEVERAGE

불황에도 월급만으로 10배 불리는
고수익 복리 시스템

제이투 지음

차례

셀프 테스트	레버리지 ETF를 시작하기 전에	009
프롤로그	레버리지는 어떻게 내 삶을 풍요롭게 만드는가	017

1장
레버리지 투자를 위한 마인드셋

1	나는 레버리지를 당하고 있는가? 레버리지를 하고 있는가?	025
2	레버리지는 시간, 에너지, 자본의 총합이다	028
3	부자는 왜 레버리지에 집중하는가	031
4	직장인이 레버리지 시스템에서 맞게 되는 최후	036
5	회사 밖의 레버리지 시스템은 더 무섭다	040
6	인플레이션으로 인해 더욱 벌어지는 격차	044
7	고배당 ETF로 확인하는 은행의 레버리지	049
8	근로소득과는 별개로 얻어지는 레버리지 소득의 힘	054
9	레버리지를 통해 자산 가치를 무한대로 늘려라	057

2장
레버리지 ETF의 모든 것

1. ETF란 무엇인가 — 063
2. 지렛대 원리로 이뤄지는 레버리지 ETF — 068
3. 성장하고 있는 해외 및 국내 ETF 대표 상품 — 071
4. 레버리지 ETF 투자 전 세금 확인은 필수 — 082
5. 레버리지 ETF의 장단점 — 101
6. 아이와 함께하는 ETF 투자 — 110

3장
무조건 수익 내는 국내 레버리지 ETF TOP 6

1. 잃지 않는 세븐 스플릿 투자 — 126
   KODEX 코스닥 150 레버리지 ETF
2. 저점에서 두 배씩 레버리지하라 — 136
   KODEX 레버리지 ETF
3. 삼성전자보다 반도체 레버리지 — 142
   KODEX 반도체 레버리지 ETF
4. 캐즘을 극복해야 기회를 만난다 — 151
   KODEX 2차전지 산업 레버리지 ETF
5. 고금리 강달러 시대의 달러 투자 — 160
   KODEX 미국 달러 선물 레버리지, KODEX 미국 달러 선물 인버스 2X
6. 청개구리 투자법으로 자산 하락에 레버리지하라 — 172
   KODEX 200 선물 인버스 2X ETF

4장
트럼프 2.0 시대에도 돈 되는 머니 트렌드 TOP 6

1 트럼프 2.0 시대   184
   AI 레버리지 ETF

2 트럼프 2.0 시대 전략 자산   192
   비트코인 레버리지 ETF

3 반도체 슈퍼 사이클에 올라타라   201
   반도체 레버리지 ETF

4 피지컬 AI 시대   209
   로봇 및 AI 레버리지 ETF

5 완전자율주행의 시대   214
   전기자동차와 자율주행 레버리지 ETF

6 미래는 기술주 전성시대   220
   매그니피센트 7 레버리지 ETF

5장
안정적으로 돈 불리는 레버리지 ETF TOP 6

1 미국은 배신하지 않는다   231
   지수 레버리지 ETF

2 인플레이션 헤지 수단   238
   금 레버리지 ETF

3 금리 사이클에 맞춰 수익 내는   248
   채권 레버리지 ETF

4	경기 침체에도 수익 내는 에너지 레버리지 ETF	257
5	3배 레버리지 투자 타이밍 나스닥 3배 레버리지 TQQQ, 나스닥 3배 인버스 SQQQ	263
6	다양한 글로벌 환경 선진국과 신흥국 레버리지 ETF	271

6장
부자 아빠의 레버리지 투자 공식

1	딱 1억 원만 모읍시다	285
2	경제 흐름을 읽는 눈을 키우자	291
3	수익 극대화를 위한 레버리지 타이밍	297
4	안정형 투자 성향을 위한 50 대 50 법칙	306
5	중립형 투자 성향을 위한 5분할 투자법	312
6	공격형 투자 성향을 위한 70 대 30 법칙	317

부록 레버리지 투자 Q&A 323

일러두기 —

본 도서에 실린 도표 중 일부는 저작권자를 찾지 못했습니다. 저작권자를 찾는대로 정식 절차를 밟아 진행하겠습니다.

셀프 테스트

레버리지 ETF를
시작하기 전에

현재 자신의 레버리지 투자 실력이 어느 정도인지 알아보자.

1. 레버리지 ETF에 대한 이해 수준이 어느 정도라고 생각합니까?

① 레버리지 상품의 정보와 투자 원리를 잘 모르고 즉흥적으로 투자한다.

② 레버리지 상품의 정보와 투자 원리를 일부 이해하고 투자한다.

③ 레버리지 상품의 정보와 투자 원리를 대부분 이해하고 투자한다.

④ 레버리지 상품의 정보와 투자 원리를 이해하고 스스로 종목을 선택해 투자할 수 있다.

2. 레버리지 ETF 분야에 투자한 경험(국내 ETF, 해외 ETF)이 있습니까?

① 국내에 상장한 레버리지 ETF에만 투자할 수 있다.

② 국내에 상장한 레버리지 ETF와 국내에 상장한 해외 레버리지 ETF에 투자할 수 있다.

③ 국내에 상장한 레버리지 ETF와 해외에 상장한 레버리지 ETF에 모두 투자할 수 있다.
④ 3배 레버리지 상품 또한 제대로 이해하고 투자할 수 있다.

3. 레버리지 투자의 장점과 단점을 어느 정도 이해하고 있습니까?

① 레버리지 투자의 장점(수익률 극대화), 단점(위험)을 고려하지 않고 투자한다.
② 레버리지 투자의 장점(수익률 극대화), 단점(위험)을 일부 이해하고 투자한다.
③ 레버리지 투자의 장점(수익률 극대화), 단점(위험)을 대부분 이해하고 투자한다.
④ 레버리지 투자의 장점(수익률 극대화), 단점(위험)을 모두 이해하고 종목 선정도 가능하다.

4. 레버리지 ETF 투자 시 본인의 감정 상태는 보통 어떠합니까?

① 매우 불안정하고 안절부절한다.
② 약간의 긴장감과 함께 투자하는 동안 걱정을 안고 있다.
③ 약간의 긴장감과 함께 스스로 감정을 통제할 수 있다.
④ 매우 안정적이고 편하다.

5. 평소 경제 사이클을 읽는 연습을 하고 있습니까?

① 현재 증시가 상승 사이클, 하락 사이클, 버블 구간인지 전혀 모르고 투자한다.
② 현재 증시가 상승 사이클, 하락 사이클, 버블 구간인지 이해하고 투자한다.
③ 현재 증시가 상승 사이클, 하락 사이클, 버블 구간인지 구분하며 투자한다.
④ 현재 증시가 상승 사이클, 하락 사이클, 버블 구간인지 알고 있으며 사이클에 맞춰 투자할 수 있다.

6. 평소 섹터 사이클을 읽는 연습을 하고 있습니까?

① 현재 섹터 사이클을 전혀 모르고 투자한다.

② 현재 섹터 사이클을 조금은 이해하고 투자한다.

③ 현재 섹터 사이클을 구분하며 투자한다.

④ 현재 섹터 사이클을 구분하며 각 섹터의 투자 사이클에 맞춰 투자할 수 있다.

7. 레버리지 ETF에 투자한 기간은 어느 정도입니까?

① 1년 이하

② 1년 이상 ~ 3년 이하

③ 3년 이상 ~ 5년 이하

④ 5년 이상

8. 현재 운용하고 있는 금융 자산 규모는 어느 정도 수준입니까?

① 3,000만 원 이하

② 3,000만 원 이상 ~ 5,000만 원 이하

③ 5,000만 원 이상 ~ 1억 원 이하

④ 1억 원 이상

레버리지 ETF 적합도 테스트 결과

①번은 1점 ②번은 2점 ③번은 3점 ④번은 4점으로 계산하면 된다.

점수	레버리지 등급	과제
15점 이하	레버리지 ETF 초급	레버리지 기본 개념부터 공부하자.
15~20점	레버리지 ETF 중급	증시, 섹터 사이클을 공부하는 데 집중해보자.
21~26점	레버리지 ETF 상급	다양한 레버리지 ETF 섹터로 영역을 확장해보자.
27점 이상	레버리지 ETF 최상급	레버리지 포트폴리오를 만들어보자.

레버리지 ETF 초급

지금까지 레버리지 ETF에 대한 이해와 위험도를 전혀 이해하지 못한 채 즉흥적인 판단으로 투자하고 있는 투자자로 판단된다. 무작정 레버리지 ETF가 좋다고는 이야기하지 못한다. 특히 레버리지 ETF를 잘 모르는 투자자일수록 장단점을 이해한 뒤 도전해야 한다. 지금이라도 꾸준히 하루 10분이라도 경제 사이클과 각 섹터 정보를 읽어내는 연습이 필요하다. 단시간에 복잡한 레버리지 투자 구조를 모두 이해할 수는 없다. 하루 10분씩이라도 꾸준히 공부해나간다는 마음가짐이 필요하다. 현재 국내 레버리지 ETF에 투자하려면 1,000만 원의 예탁금이 필요하다. 초보 투자자의 경우 난도가 높은 국내 레버리지 ETF에 투자하기보다 예탁금의 규제가 없는 미국 레버리지 ETF 시장으로 눈을 돌려보자. 공부를 병행하는 동안 공격적으로 투자하기보다 현재 관심 있는 섹터의 레버리지 ETF의 특성을 파악하고 움직임을 관찰하며 레버리지 투자 실력을 높였으면 한다. 레버리지는 자산을 급격히 상승시켜주지만, 잘못 일으켜 투자에 실패한 투자자들도 너무 많이 봐왔다. 초보 레버리지 투자자들은 자신의 종잣돈이 작다고 생각해 변동성이 큰 레버리지 상품에 투자하다 실패하게 된다. 초보라면 안정적인 지수 레버리지 ETF나 환율 레버리지 ETF에 우선 관심을 가져보자.

레버리지 ETF 중급

레버리지 ETF 중급이라 해도 현재 레버리지 ETF에 대해 명확히 이해하고 투자하는 건 아니다. 뭐든지 알 듯 말 듯 아리송할 때 공격적으로 투자하는 우를 범한다. 레버리지 ETF 투자는 변동성과 수익률 또한 빠르게 변화하기 때문에 처음에는 운 좋게 레버리지에 성공할 수 있다. 인간의 습관은 매우 고착화되어 있기 때문에 처음 얻은 행운과 같은 투자 경험과 습관이 나도 모르게 똑같은 상황에서 발현된다. 그러나 시장은 100% 예측할 수 없고 똑같이 흘러가지 않는다. 경제 공부가 병행되지 않는 투자는 실패를 맞이하게 된다. 현재 레버리지 ETF에 투자하면서 자산을 한 종목에 모두 투자하고 있는 건 아닌지 점검해봐야 한다. 이제부터 경제 공부를 통해 레버리지 ETF 투자의 변동성을 이해하고 통제하는 연습을 해야 한다. 그래야만 장기간 투자 시장에서 살아남을 수 있다. 초급 투자자와 마찬가지로 예측 가능한 범위에 있는 투자를 추천한다. 지수 레버리지 ETF, 환율 레버리지 ETF 투자를 고려해보고 자산의 20% 정도는 미국의 성장 섹터 레버리지 ETF에도 투자해보자.

레버리지 ETF 상급

레버리지 상급 투자 실력을 갖췄다면 어느 정도 경제 및 섹터의 사이클을 읽어낼 수 있는 투자자라고 판단된다. 또한 레버리지 ETF에 상당 기간 투자해 장단점을 모두 이해하고 있을 것이다. 국내·국외 레버리지 ETF 시장을 이해하고 있으며 투자 기회가 왔을 때 잡을 줄 아는 투자자이다. 레버리지 ETF 투자 실력이 상급이라면, 투자 실력을 믿고 방심하기보다 공부를 확장했으면 한다. 나 역시 ETF 투자 종목에 대해 잘 알고 있다고 자부했지만, 공부에는 끝이 없다. 아는 만큼 보인다는 말처럼 투자 기회는 정말 다양하다. 지금부터는 다양한 섹터를 공부해보고 자산의 20%는 내가 모르는 레버리지 섹터에 투자하면서 다양한 기회를 포착해보자. 증시 사이클과 각 분야의 섹터는 다르게 흘러갈 때가 있다. 변화하는 시장

환경 속에 기회는 각기 찾아오기 때문에 다양한 경험을 통해 성장해 나갔으면 한다. 국내·국외 레버리지 섹터를 꼼꼼히 공부해보고 다양한 기회를 찾는 데 집중해보자.

레버리지 ETF 최상급

레버리지 투자 실력이 최상급이라면 투자 기간, 자산 통제, 위험 회피, 투자 기회 포착 면에서 매우 탁월한 투자자이다. 투자 실력이 높다는 건 수많은 경험을 통해 자산을 통제하고 시장의 사이클과 섹터 사이클을 정확히 읽어내며 매수 기회가 올 때까지 절제해, 명확한 타이밍에 레버리지를 일으키는 투자자이다. 투자에 성공한 사람들은 매매를 많이 하는 사람들이 아니다. 위기에서 기회를 포착하는 투자자이다. 절호의 기회는 하락장의 끝자락에 찾아온다. 섹터의 흐름 또한, 증시 사이클과 함께 봐야 투자 기회가 찾아올 수 있다. 부동산 투자에 성공한 사람들을 보면, 남들이 위험하다고 회피할 때 과감히 레버리지를 일으켜 다음 사이클에 부를 일궈온 사람들이다. 가장 중요한 건, 현재 시장의 사이클이 상승 사이클인지 하락 사이클인지 버블 구간인지 스스로 구분해내는 것이다. 어쩌면 이 세 가지 사이클만 구분해 투자할 줄 안다면 투자 성공 확률은 매우 높아진다. 최상급 투자 실력이라면 좀 더 세분화해서 사이클을 구분해보자. 자산의 20% 안에서 사이클 투자와 연결해 3배 레버리지 ETF 투자에도 도전해보자. 다만 자신의 투자 성향과 맞지 않는다면 굳이 투자하지 않아도 된다. 각자의 투자 원칙과 구조 속에서 좀 더 세분화하는 연습을 해보자.

프롤로그

레버리지는 어떻게 내 삶을 풍요롭게 만드는가

행복을 두 배로 레버리지하라.

삶의 여유를 두 배로 레버리지하라.

내 자본소득을 두 배로 레버리지하라.

내 가치를 두 배로 레버리지하라.

내 시간과 에너지를 두 배로 레버리지하라.

나 역시 오랫동안 평범한 직장인으로 살며 시간과 에너지를 레버리지 당하는 삶을 살아왔다. 나는 평생 내가 버는 근로소득만이 전부라고 생각했고, 진급해서 무난하게 사는 삶이 내 미래를 보장해준다고 철석같이 믿으며 살았다. 하지만 인플레이션으로 인해 월급 500만 원은 체감상 300만 원으로 주저앉았다. 주말에 아이와 치킨이라도 시켜 먹으려고 하면 얼마 전까지만 해도 1만 5,000원이면 충분했던 치킨 값은 곱절로 늘어 3만 원은 주어야 했고, 장이라도 보러 가면 과거 10만 원이면 살 수 있던 물건들이 이제는 20만 원 이상 내야 같은 양을 살 수 있었다. 물가는 거세게 올라갔고 내 자산은 인플레이션이라는 뜨거운 태양 아래 놓인 아이스크림처럼 녹아내리고 있었다.

마흔에 도달해보니 회사에서 후배들은 치고 올라오고 위로는 나를 끊임없이 증명해야 하는 압박에 시달렸다. 열심히 살아가는 것 같은데 아이들을 키우다 보면 통장에 남는 게 별로 없었다. 아파트값은 이미 천정부지로 폭등해 서울 아파트 중윗값 10억 원은 언감생심이 된 지 오래다. 자본주의 속에 담긴 레버리지 시스템을 인지하지 못한다면 현재의 나는 미래의 나와 똑같은 모습일 수밖에 없다. 부자들은 모두 레버리지 시스템의 최상단에 살아간다. 각자의 자본을 레버리지해 여유롭게 살아가는 사람들 모두 공부를 통해 경제 흐름을 읽어내 삶을 변화시킨 사람들이다.

늦었지만 지금이라도 레버리지 시스템을 이해하고 자본을 레버리지한다면 삶은 180도 바뀔 수 있다. 나는 레버리지하는 삶으로 변화를 꾀한 후, 월급을 넘어서는 소득구조를 만들었다. 시간과 에너지를 레버리지하기 위해 블로그에 글을 쓰고, 꾸준한 경제 공부를 통해 투자 도서를 출간했다. 책의 저작권료는 내가 자는 동안에도 자본을 불러들인다. 이처럼 꾸준한 경제 공부를 통해 나를 성장시키고 역량을 키워나가야 한다. 쉬운 것에는 함정이 반드시 존재한다. 다른 영역에 도전하는 건 쉬운 일이 아니다. 하지만 변하지 않는다면 지금처럼 누군가에게 레버리지 당하고 인플레이션 상황 속에 전전긍긍하며 살아가야 할지도 모른다.

월급으로만 살았던 시기, 나는 '가난한 아빠'였다. 아이가 먹고 싶은 거, 사고 싶은 거, 하고 싶은 게 있다고 이야기하면 주머니 사정이 부담되어 나도 모르게 다음에 사자는 말을 하고 혼자 속상해했다. 이렇게 평생을 살 수 없었다. 나는 부자 아빠가 되기로 마음먹었다. 가난한 아빠는 '이게 될까? 어떤 걸 아껴야 할까?'를 고민하지만, 부자 아빠는 '어떻게 레버리지해서 풍요롭게 살 수 있을까? 어떤 투자법으로 자산을 레버리지 할 수 있을까?'를 고민한다.

투자 초창기에 나는 개별 주식에 집중했다. 하지만 투자를 이해할수록 ETF의 매력에 흠뻑 빠졌고 ETF 투자법이 익숙해졌을 때 레버리지 ETF에 매료되었다. 차츰 레버리지 ETF 투자 성공 확률을 높이자 부는 2배씩 증가하기 시작했다. ETF의 매력은 개별 주식처럼 회사의 재무제표, 기업의 현실적 내재가치, 시장 사이클, 유상증자, 감자(減資, 주식회사가 주식 금액 또는 주식 수를 줄이는 방식으로 자본금을 줄이는 것), 상장폐지 등 다양한 변수를 피할 수 있다는 것이다. 개별 주식에는 다양한 위험이 존재하지만 ETF는 포트폴리오 교체로 이를 차단하기 때문에 경제 흐름을 공부해나간다면, 개별 주식에 투자하는 것보다 시간과 에너지를 절약하며 투자할 수 있다.

　레버리지는 복리와 같다. 처음에는 느리게 자산이 올라가는 것 같지만, 차츰 가속이 붙으면서 빠르게 상승한다. 레버리지를 일으키지 않고 자산을 복리로 불리기는 불가능에 가깝다. 부동산에 투자하더라도 레버리지를 일으켜야 한다. 이를 위해 부동산 사이클에 관한 공부가 필요하고, 남들과 반대로 부동산 하락기에 레버리지를 일으켜야 다음 상승 사이클에 자산을 불릴 수 있다. 레버리지 타이밍에 맞춰 투자한다면 성공 확률을 높이고 시장이라는 배가 흘러가는 방향에 몸을 맡겨 자연스럽게 자산을 불려 나갈 수 있다.

　회사에 다니며 버는 소득 또한 소중하고 무엇보다 값지다. 하지만 내 삶의 여유를 만들어주는 건 레버리지로 벌어들이는 추가 자본소득의 힘에서 발생한다. '할까 말까? 살까 말까?' 고민하는 에너지를 이제는 '자본가가 되어볼까? 부자가 되어볼까?'로 바꿔나가야 한다.

　부를 얻으려면 위험은 항시 존재하지만, 부자는 위험을 통제하고 이를 긍정적 방향으로 바꿔내는 사람이다. 차도를 건너고, 비행기를 타고, 가볍게 걷는 행위에도 위험은 존재한다. 내 자산을 통제하고 레버리지 시스템을 이해한다면 위험 요인은 극복할 수 있다.

이 책을 통해 레버리지 시스템과 친구가 되어 자본가의 삶을 살았으면 한다. 우리가 레버리지 ETF에 투자하는 이유다. 레버리지를 몰랐던 과거의 삶과 레버리지를 깨닫는 내 삶은 다를 것이다.

1장

레버리지 투자를 위한 마인드셋

LEVERAGE

나는 레버리지를 당하고 있는가?
레버리지를 하고 있는가?

롭 무어의 《레버리지》에서 저자는 "당신의 삶은 레버리지를 당하고 있는가? 아니면 레버리지를 실천하는 삶을 살고 있는가?"라는 질문을 던진다. 그는 짧은 시간 안에 최대의 수익을 올리기 위해서는 가장 수익률이 높은 일에 초점을 맞추어 살아야 한다고 이야기한다. 로버트 기요사키의 《부자 아빠 가난한 아빠》에서는 이러한 대목이 나온다. "부자는 모든 걸 배우지 않아도 된다. 시스템을 만들어 명문대를 졸업한 전문가를 고용하면 되기 때문이다." 그에게는 두 분의 아버지가 존재한다. 친아버지는 공무원으로 쳇바퀴 돌듯 살아간다. 노동에서 발생한 가치만이 건전한 시스템이라고 믿는다. 하지만 부자 아빠는 세상 최상단에서 돌아가는 자본주의 시스템을 이해하고 있었고 몸소 레버리지 시스템을 만들어 수많은 사람을 고용해 자신만의 부동산 왕국을 만들었다. 그의 부자 아빠는 마침내 하와이 와이키키 해변에 가장 큰 호텔을 지을 수 있었다. 이는 자본주의 사회가 어떻게 돌아가는지를 분명히 보여주는 예시다. 한쪽은 철저히 레버리지 당하며 살아가고 돈을 이해한 쪽은 돈과 시간, 에너지를 모두 레버리지하며 원하는 삶을 살아간다.

과거 레버리지를 모르고 살았던 삶과 레버리지를 이해하고 살아가는 삶은 180도 다른 세상이다. 많은 이들이 명문 대학에 들어가기 위해 12년 동안 한 곳을 바라보며 살아가지만, 95% 이상은 자신이 정말 원하는 삶을 살아가지 못한다. 결국 사회가 만들어놓은 시스템에 갇혀 레버리지 당하도록 설계되었으며 자본주의 시스템은 공장을 지어놓고 부품을 갈아 끼우듯 좋은 회사에 취직하고 때가 되면, 승진하고 임원을 꿈꾸라고 내몰고 있다.

하지만 레버리지의 개념을 이해하기 시작한다면, 나의 시간과 에너지를 불필요하게 맞바꾸어 살아왔다는 걸 깨닫게 된다. 현재 당신은 누군가에 의해서 자신도 모르는 사이 레버리지를 당하며 살아왔다. 지금이라도 레버리지를 일으켜 나다운 삶을 살아갈 것인지 진지하게 고민하는 시간을 가져야만 미래의 '부'를 기하급수적으로 늘릴 수 있다.

지금이라도 사회가 정해놓은 시스템 속에서 쳇바퀴 돌듯 살아가고 있다는 걸 깨달았다면, 이제는 레버리지하는 삶을 선택해보

자. 레버리지를 당하는 삶과 레버리지를 하는 삶은 세상을 바라보는 시선, 여유, 행복, 미래 예측 모든 면에서 타인과 다르게 살 수 있도록 해준다.

이 책은 자본을 다루는 레버리지 ETF에 관한 책이다. 이 책을 통해 영감을 받고 ETF 투자를 통해 레버리지를 일으켜 작은 변화를 경험해보고 작은 성취를 큰 성과로 바꿔보자. 이제부터 내 삶의 여유와 자본을 2배씩 레버리지해보자.

돈이 많아서 부자가 아니다. 부자는 타인을 통해 시간을 무한대로 레버리지하는 사람이다.

레버리지는
시간, 에너지, 자본의 총합이다

　당신은 죽을 때까지 레버리지 개념을 이해하지 못할 수도 있다. 의외로 극소수만이 레버리지 개념을 이해해 부의 최상단에 도달해 세상을 변화시키는 임무를 수행한다. 우리는 직장을 다니며 레버리지 시스템 속에서 레버리지를 하는 주체가 주는 숙제를 풀기 위해서 쉬지도 않고 달려간다. 시간과 에너지를 그들이 주는 돈과 맞바꿔 나의 가치를 평생 증명해야 한다. 그렇다면 레버리지 시스템을 만든 부자들은 특별한 무언가를 가지고 있는 것일까? 어떤 집단이 레버리지를 일으켜 세상을 끌고 가는 것일까? 세계에서 가장 부유한 이들은 어떤 집단일까에 대한 통계를 확인해봤더니 다소 충격적인 결과가 나왔다.

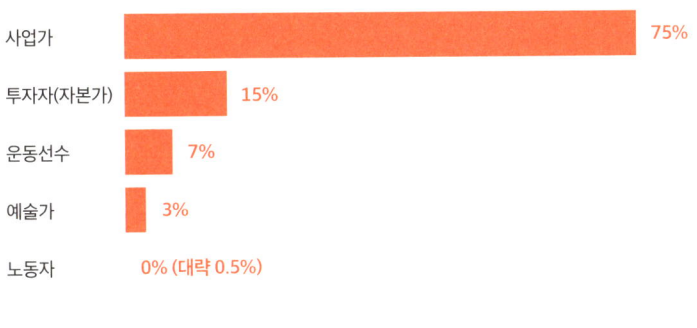

직장인은 대부분 노동자에 속한다. 직장인은 부자가 될 확률이 0%이다. 표본이 광범위하기 때문에 실질적으로는 0.5% 내외로 추정된다. 삼성전자의 사장이나, 애플의 CEO 등은 직장인이지만 0.5% 안에 들어갈 수 있다. 하지만 대기업 중에서도 가장 돈을 많이 버는 회사에서 0.001%의 확률을 뚫고 사장이 되기는 불가능에 가깝다. 만약 사장이나 CEO의 자리에 올라가더라도 시간과 에너지는 모두 회사에 투자해야 한다. 아마도, 나이는 쉰이 넘었을 것이고 회사에 모든 걸 바쳤기 때문에 가정과의 균형은 어긋나 있을지도 모른다.

한 곳에 모든 걸 집중하면, 반대편에서 문제가 발생하기 시작한다. CEO의 자리에 오르기까지 건강을 갈아 넣어가며 몰두했을지도 모른다. 이 모든 걸 바친다 해도 사장의 자리에 올라 부자가 되는 건 하늘의 별 따기와도 같다. 그러면 우리는 사회가 정해 놓은 레버리지 시스템에서 평생 노동자의 삶을 살아야 할까? 아니면 지금이라도 변화를 모색하고 레버리지를 일으켜 자본가의 삶을 살아가기 위해 노력해야 할까? 빨리 깨달을수록 진짜 내 삶을 살아갈 수 있고, 삶의 균형을 유지하며 가족과 건강, 자본 모두 지켜낼 수 있다. 마땅히 우리는 그러한 삶을 살아갈 자격이 있다. 한시라도 빨리 레버리지를 이해하고 이를 삶에 적용해야 한다.

등가 교환의 법칙

부자: 돈 > 시간, 에너지

노동자: 시간, 에너지 = 돈

부자는 왜 레버리지에 집중하는가

《포브스(Forbes)》에서 밝히기로 세계에서 가장 부유한 인물은 현재 일론 머스크(Elon Musk)다. 그의 재산은 한화로 약 631조 원에 달한다. 대한민국의 1년 예산인 640조 원과 비슷하다. 어떻게 일론 머스크 한 사람이 이토록 막대한 부를 거머쥘 수 있었을까?

그는 1971년생으로 53세에 세계 1등 부자 반열에 올랐다. 그는 세계에서 가장 효율적으로 많은 일을 하며 성과를 내는 CEO로도 유명하다. 일론 머스크의 이미지는 괴짜, 레버리지(효율), 승부사, 세상에서 가장 많은 일을 하는 사람으로 대표된다. 화성을 식민지화해 사람들을 이주시키겠다는 생각은 괴짜 같은 발상이지만, 지금까지 이루어온 일론 머스크의 추진력과 상상력이라면 가능해 보이기도 한다. 얼마 전에는 세상에 없던 미래 도시를 텍사스에 짓고,

2025년 세계 상위 10위 부자

순위	이름	국적	직업	재산
1	일론 머스크	미국	테슬라 CEO	631조 원
2	제프 베이조스	미국	아마존 회장	346조 원
3	래리 엘리슨	미국	오라클 회장	313조 원
4	마크 저커버그	미국	메타 CEO	308조 원
5	베르나르 아르노	프랑스	LVMH 회장	246조 원
6	래리 페이지	미국	구글 공동 창업자	225조 원
7	세르게이 브린	미국	구글 공동 창업자	215조 원
8	워런 버핏	미국	버크셔 해서웨이 회장	205조 원
9	스티브 발머	미국	전 마이크로소프트 CEO	187조 원
10	아만시오 오르테가	스페인	자라 창업자	171조 원

출처:《포브스》

이를 일론 머스크 도시로 만들겠다고 공언했다. 그 외에도 그는 전기자동차, AI, 로봇, 자율주행, 우주개발, 태양광, ESS 등 수많은 업무를 총괄하고 있다. 그가 이렇게 수많은 일을 할 수 있는 이유는 탄탄한 레버리지 시스템을 구축하고 사람들의 시간과 에너지를 레버리지로 이용하고 있기 때문이다.

기업가는 레버리지 시스템을 구축해 피라미드 형식으로 직책을 만들고 사람들을 고용해 원하는 계획을 위임하는 전략을 펼친다. 부자는 레버리지를 일으켜 원하고자 하는 걸 얻고 노동자는 시간과 에너지를 기업가에게 제공한 뒤 등가 교환의 법칙에 따라 돈을

레버리지 시스템

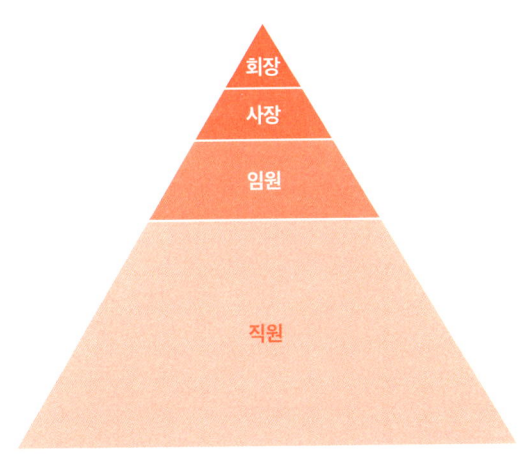

벌어간다. 워런 버핏(Warren Buffett)은 자는 동안 돈이 들어오지 않으면 평생 일을 하며 불행하게 살아야 할지도 모른다고 이야기했다. 빌 게이츠(Bill Gates)는 가난하게 태어난 게 죄는 아니지만, 가난하게 죽는 것은 100% 본인 책임이라고 이야기했다. 돈과 시간을 교환하는 방식에는 물리적으로 한계가 명확하다. 나에게 주어진 시간은 24시간이며 에너지의 총량은 정해져 있기 때문이다. 레버리지 시스템에서 월 400만 원을 받는 사람이 있다면, 그의 가치는 평생 그 정도에 머물러 있을 수밖에 없다.

레버리지 시스템을 이해하지 못하고 평생 노동자로 살아간다면 시간과 에너지를 추가로 투여해 더 높은 직책을 부여받아야만 나의 몸값을 높일 수 있다. 하지만 워런 버핏이나 빌 게이츠가 이야기한 것처럼 레버리지를 이해해 돈이 돈을 벌어다주는 구조를 구축한다면 충분히 여유를 누리며 살아갈 수 있다.

자본가는 돈을 레버리지한다. 레버리지한 자금으로 타인의 시간과 에너지를 사서 또다시 레버리지를 한다. 레버리지는 시간, 에너지, 자본의 효율을 극대화하는 길이다. 우리의 삶에는 이면이 존재한다. 동전의 양면처럼 보이는 것, 보이지 않는 것으로 나뉜다. 레버리지를 당하는 건 모두가 볼 수 있는 삶이고 레버리지하는 삶은 보이지 않는 숨은 이면을 통찰해내는 삶이다. 지금 나는 두 개의 레버리지 시스템을 구축했다. 글을 써서 콘텐츠를 대중에게 제공하는 동시에 레버리지 ETF에 투자해 돈을 불려 나가고 있다.

레버리지하는 삶을 살지 못한다면 남이 시키는 일을 하며 내 시간과 에너지를 돈과 등가교환해 살아갈 수밖에 없다. 노동자는 결국 몸값을 높이기 위해 내가 가진 전부인 시간과 에너지를 자본가에게 내주어야 하기 때문이다. 회사에 꼭 필요하다는 걸 끊임없이 검증받아야 한다. 행복하게 살아가기 위해서는 지금이라도 레버리지를 이해하고 레버리지를 통해 시간에서 자유를 쟁취해야 한다.

레버리지 시스템이란?

부자들이 만들어놓은 구조. 부자는 돈으로 타인의 시간과 에너지를 사고 권한을 위임해 무한한 과업을 달성한다. 레버리지 시스템은 피라미드 체계로 되어 있어 권한을 밑으로 무한 위임할 수 있다.

직장인이 레버리지 시스템에서 맞게 되는 최후

기업가는 자신만의 왕국을 만들기 위해 레버리지 시스템을 구축한다. 회사의 레버리지 시스템이란 직급이라고 이해하면 된다. 참고로 내가 다니는 회사의 레버리지 시스템은 '사원 2년 → 주임 2년 → 대리 2년 → 과장 4년 → 차장 4년 → 부장 6년'으로 이뤄져 있다. 이후 연봉제로 올라가면서 '이사보 → 이사 → 상무 → 전무 → 부사장 → 사장 → 회장'으로 이루어져 있다. 부장까지 시간과 에너지를 모두 투여해도 최소 20년이 소요된다.

회사는 창업자가 만들어놓은 레버리지 왕국이다. 회사는 직급마다 차등을 주어 연봉을 부여하고 위에는 꿈과 희망이 반드시 존재한다고 믿게 해야 한다. 그 레버리지의 계단을 힘겹게 한 칸씩 올라가면 임원이라는 직책을 부여한 뒤 충성하게 만드는 시스템이다.

직원들의 시간과 에너지를 투여해 레버리지를 일으켜 만든 잉여금은 회장의 높은 보수, 배당금으로 지급된다. 이것이 레버리지 시스템으로 움직이는 회사의 규칙이다.

내가 《ETF 사용설명서》를 출간할 수 있었던 가장 큰 원동력은 남들과 반대로 살아왔던 경험 때문이었다. 나는 스물여섯에 취업 대신 장사를 시작했고, 그다음 해 주식 투자에 입문했다. 서른에는 장사의 한계를 느끼고 취직해 현재는 한 기업의 영업사원으로 살아가고 있다. 동시에 나는 현재 두 개의 삶을 살고 있다. 철저히 레버리지 당하는 삶(회사 업무)과 레버리지 하는 삶(투자, 글쓰기)이다. 이처럼 타인이 구축해놓은 레버리지 시스템에서 벗어나 나만의 레버리지 시스템을 만들어나갈 때 미래를 준비하고 자유를 만끽할 수 있다.

현재 내가 근무하는 사무실에는 대략 50명의 직원이 출근한다. 하지만 레버리지 시스템을 이해하고 이를 배우고자 하는 직원은 단 한 명도 보이지 않는다. 오히려 내가 하고자 하는 이야기는 불편한 이야기, 외면하고 싶은 이야기로 치부해 버린다. 직장인들은 매일 출근하며 힘들어하고 고통스러워한다. 진급하지 못하면 불안해한다. 한 개의 파이프라인만 가지고 있어 노동을 통해 시간과 에너지를 바꿔 나의 가치를 보상받는 일 빼고 다른 것을 추구해보지 않았기 때문이다.

우리 지점에는 50명의 팀원을 관리하는 사업부장이 있다. 그는 내가 과장이던 시절 옆 팀의 팀장이었다. 팀을 끌고 가는 지도력이 대단했다. 팀장에 머물러 있지 않으리라는 걸 알 수 있었다. 시간이 지나 그는 사업부장으로 진급했고 직급도 부장에서 이사보로 올랐다. 어느 날 그 사업부장이 나를 호출했다. 퇴직금이 있는데 여태까지 이자만 받고 묵혀 두다 보니 퇴직금이 불어나지 않는다고 했다. 그는 늦었지만 지금이라도 배당금이 나오는 ETF에 투자하고 싶다고 했다. 그래서 나는 8%의 배당금을 주는 PLUS 고배당주 ETF를 추천했고, 매달 꾸준히 분할 매수해 자산을 이동시키라고 이야기해주었다.

그해 말, 인사 발령 소문이 돌았다. 사업부장은 업무 부진으로 인해 팀장으로 강등되었다. 지금 팀장으로 내려가라는 건 회사를 그만두던가, 아니면 자존심을 굽히고 일하라는 무언의 압박이다. 회사는 냉혹하다. 레버리지 시스템 안에서 자신의 가치를 증명하지 못하면, 내려와야 한다.

하지만 대부분 다른 파이프라인을 구축해놓은 게 없으니 시키는 대로 끌려다닐 수밖에 없다. 만약 사업부장이 자존심 때문에 회사를 박차고 나와 창업을 한다면 다른 레버리지 시스템에 이용당할 확률이 높아진다. 그의 일이 남 일인 것만도 아니다. 위로 올라가도 줄곧 레버리지 시스템 안에서 나를 증명해야 한다.

부자는 레버리지를 일으켜 시간을 사는 사람들이다. 레버리지를 일으켜 얻은 시간으로 다시 레버리지를 일으켜 돈을 번다. 레버리지 효과는 자산을 기하급수적으로 늘려준다. 레버리지는 내 가치를 무한대로 늘려준다.

회사 밖의 레버리지 시스템은
더 무섭다

나에게는 약간 특별한 능력이 있다. 장사를 하면서 배운 순이익 공식이 바로 그것이다. 방문하는 업장에 들어서면 순이익이 얼마나 남을지, 이익이 남는 시스템을 앞으로 구축할 수 있을지, 지금의 시스템으로 성공할 수 있는지 단번에 계산이 가능하다.

개인의 분석 역량이 부족한 경우 남이 만들어놓은 시스템을 이용해 창업하는 길을 선택한다. 퇴사 후 직장인들이 가장 많이 뛰어드는 업종은 보통 편의점, 치킨집, 커피 전문점이다. 이 업종에는 공통적인 특징이 존재한다. 누구나 할 수 있다는 점인데, 여기에는 함정이 존재한다. 언제든 경쟁 업체가 들어설 수 있다. 처음 장사를 하면서 가장 힘들었던 건 자리를 잡아갈 때쯤이면, 옆에 같은 업종이 들어온다는 점이었다. 가뜩이나 힘든 상황 속에 경쟁자까지 추가로 생긴다는 건 겪어 보지 않으면 얼마나 끔찍한 상황인지 모른다.

게다가 경기 침체가 심화되면서 기업은 고용을 늘리지 않고 있다. 예비 퇴직자들은 넘쳐나고 아무것도 준비되지 않은 퇴직자들은 타인이 만들어놓은 레버리지 시스템을 기웃거린다. 국내 자영업 통계에 따르면 90%는 월 100만 원을 가져가지 못한다. 망하는 가게에는 명확한 특징이 존재한다. 그건 누군가 만들어놓은 레버리지 시스템이라는 배에 올라탔다는 것이다. 망할 줄 알면서도 왜 그 시스템에 뛰어드는 것일까? 첫째는 갖춰놓은 역량이 부족해 창업밖에 길이 없어서이고 둘째로 자신은 망하지 않을 것이라는 확신 때문이다.

반대로 살아남는 가게에는 어떤 특징이 있을까? 이들은 자신만의 색깔을 추구하며 개성을 갖춘다. 이들 역시 수많은 실패를 통해 고난과 역경을 이겨내면서 성장해 자신만의 색깔을 갖게 된 것이다.

예를 들어 당신이 회사를 퇴사하고 치킨집 프랜차이즈를 선택했다고 가정해보자. 가맹점을 만든 회장은 쉬운 길을 선택한 사람이 아니다. 그 회장은 레버리지 시스템을 만들어 성공 반열에 오른 사람이다. 그럼 그가 만들어놓은 치킨집이라는 시스템 속에서 직원들은 레버리지를 당하며, 이익을 만들어낸다. 직원들이 세부적으로 구축해놓은 시스템은 프랜차이즈라는 명함을 달고 세상에 나온다. 프랜차이즈는 겉보기에는 잘돼 보인다. 인테리어도 깔끔하고 본사에서 완제품으로 만들어놓은 제품을 가공해 팔면 그뿐이다. 자본금만 있다면 누구나 뛰어들 수 있다.

하지만 시간이 지나도 나에게 들어오는 순이익은 크게 나아지지 않는다는 걸 곧 깨닫게 된다. 인플레이션으로 인해 월세, 인건비, 식자재 등 오르지 않는 게 없다. 본사에서는 주기적으로 인테리어를 교체하라는 압박을 준다. 얼마 안 되는 수익금도 인테리어 교체 비용에 들어간다. 일 매출은 100만 원이 넘는데 가져가는 돈은 월 300만 원이다. 투자 자본금 대비 순이익은 형편없다. 이것이 바로 프랜차이즈를 창업하고 겪게 되는 상황이다.

그럼 돈은 누가 가져갈까? 결국 최상위에 시스템을 만들어놓은 치킨 가맹점 회장이 가져가게 되는 구조다. 누군가는 기업가로 살며 레버리지를 하고 누군가는 회사원으로 충실하게 살다 퇴직해도 스스로 레버리지하는 능력이 없다면 다른 이들에게 내 삶을 잠식당할 수밖에 없다. 레버리지라는 거대한 시스템을 이해하지 못한다면 회사 밖에는 회사보다 더 무서운 현실이 기다리고 있다.

평생 회사원으로 일하고 퇴직한 뒤의 삶도 계속 레버리지 시스템으로 굴러간다. 따라서 하루빨리 레버리지 시스템을 이해하고 나만의 역량을 쌓아나가야 한다. 그 시작은 자본가, 즉 투자자가 되는 것이다.

인플레이션으로 인해
더욱 벌어지는 격차

    40년 만에 찾아온 인플레이션은 우리 삶을 송두리째 무너뜨렸다. 미국은 2008년 리먼 브러더스 사태로 금융 시스템이 붕괴되기 직전에 양적 완화(돈 풀기)와 저금리 정책으로 가까스로 살아남았다. 이후에도 유럽 재정 위기, 코로나19로 인해 양적 완화 정책과 저금리 정책을 계속해서 유지했다. 장기간 돈을 풀어두자 미국의 화폐 가치는 떨어졌고, 저금리 정책은 빚 잔치를 유도하며 유동성을 공급했다.

    사람들은 풍부해진 유동성으로 집을 사고 자동차를 바꾸고 명품을 구매하고, 해외여행을 다녔다. 하지만 저금리와 유동성 공급은 화폐 가치 하락 및 물가 상승과 맞물려 인플레이션을 유발했고 40년 만에 재앙 같은 상황을 만들었다. 현재 미국은 고금리 정책으로 인플레이션을 막아내고 있지만, 정말 막아낸 것인지는 시간이 지나봐야 알 수 있다. 인플레이션으로 인해서 가장 고통받는 건 월급 생활자다. 반대로 가장 큰 혜택을 받는 건 아이러니하게도 자본가들이다.

   인플레이션이 발생하면 기업과 노동자 모두 고통을 받는다고 생각하지만 현실은 조금 다르다. 인플레이션이 발생하면 자산 또한 상승하는 효과가 발생한다. 독과점 기업들은 인플레이션이 발

코카콜라의 주가

출처: 키움증권 HTS

* 63년 동안 코카콜라가 꾸준히 3%의 배당금을 주는 비결은 인플레이션이 발생해도 독점적 지위를 이용해 그 가격 상승분을 제품에 전가했기 때문이다.

생하면 제품에 인플레이션 상승분을 전가하기 때문에 영업이익은 크게 줄어들지 않는다. 그 예가 바로 코카콜라다. 인플레이션이 발생해도 다우지수를 추종하는 회사들은 꾸준히 우상향하고 있다. 배당금 또한 줄어들지 않고 있다. 코카콜라는 독점적 지위를 이용해 인플레이션이 발생해도 가격을 올리면 그만이다. 이익은 제품 가격에 비례하기 때문에 큰 타격이 없다. 애플 또한 마찬가지다.

하지만 우리 임금은 인플레이션 상승만큼 올라갔을까? 2022년 미국의 인플레이션은 10%에 근접할 정도로 상승했다. 그러나 우리의 월급은 1%에서 2% 정도만 상승했다. 이 또한 내가 다니는 회사가 이익을 꾸준히 내야 가능하다. 적자 기업에서 임금 인상은 꿈도 꿀 수 없다.

2022년에 일어난 10% 가까운 인플레이션은 우리 삶에 어떤 영향을 주었을까? 만약 내 월급이 100만 원이라면 인플레이션이 발생한 뒤 10%를 잠식당하게 된다. 100만 원의 가치는 90만 원으로 줄어들게 된다. 작년에는 분명 100만 원으로 100만 원 가치의 물건과 교환했지만, 이제는 90만 원의 물건과 교환해야 하는 처지에 몰렸다.

2013년과 2023년의 물가 차이, 즉 인플레이션 상황을 살펴보면 10년간 평균 물가 상승분은 50%였다. 만약 임금이 2% 정도 상승했다면 임금의 가치는 인플레이션을 따라가지 못하는 상황이 발생한

10년 간의 물가 변동 가격

단위: 원

음식명	2013년 평균 가격	2023년 평균 가격	가격 상승률(%)
김밥	1,500	3,100	106.7
짜장면	4,000	6,569	64.2
삼겹살(200g)	10,000	19,031	90.3
냉면	7,000	11,923	70.3
비빔밥	6,500	11,038	69.8
김치찌개	5,500	8,192	48.9
삼계탕	12,000	17,269	43.9
칼국수	5,500	9,385	70.6

* 10년을 추적하면 인플레이션의 공포는 더욱 명확하게 드러난다.

다. 과거 100만 원은 50만 원의 가치로 절하된다.

1997년 닷컴버블 당시 주가수익비율(PER, 주식의 주가를 주당이익으로 나눈 수치)이 100을 넘어선 시스코의 시가총액은 4,500억 달러였다. 27년이 지나 애플의 시가총액은 4조 달러를 목전에 두고 있다. 10년 전만 해도 3조 달러를 넘는다는 것은 기업에는 꿈이나 다름없었다. 하지만 인플레이션 상황과 맞물려 기업의 매출과 이익도 동반 상승하고 있다. 인플레이션은 매년 발생하며 우리의 자산을 갉아먹고 있지만, 기업은 꾸준히 성장하며 인플레이션 시대에서 부의 격차를 늘리고 있다.

물론 투자는 위험도 동반한다. 그러므로 꾸준한 공부가 필요하며, 대부분 부자는 경제 공부를 통해 레버리지를 잘 활용하는 사람들이다. 레버리지를 이용하지 않고 부자가 된 사람은 이 세상에 없다. 레버리지의 규칙을 충분히 잘 이해해 이용한다면, 기업가는 되지 못해도 자본가는 될 수 있다.

인플레이션은 자본소득의 양극화를 더 벌린다. 만약 10년 전 은행에 1억 원을 저축하고 그대로 두었다면? 내 월급이 10년 전과 같다면? 보이지 않게 당신의 자산은 50%로 깎인 것이다. 레버리지로 인플레이션을 따라가지 못한다면 가난의 늪에서 빠져나올 수 없다.

고배당 ETF로 확인하는
은행의 레버리지

    은행은 레버리지 시스템의 집약체다. 내가 만약 고배당 ETF에 투자하고 받은 배당금으로 레버리지를 일으킨다면 자산은 복리로 불어난다. 그럼 은행에 투자해 받은 배당금은 누가 만들어낼까? 은행은 두 가지 레버리지 시스템을 운영하며 은행에 투자한 투자자들에게 배당금을 주는 구조로 운영된다.

    첫 번째, 은행에서 일하는 직원이 나를 위해 일을 해준다. 투자자는 자본을 투자해 배당금을 받고 그 배당금을 재투자해 레버리지를 무한 반복할 수 있다. 반대로 레버리지 시스템 하에 은행 직원은 상품을 팔며 돈을 창출한다. 은행은 직급을 만들어 레버리지를 시키고 은행원들은 이를 무한 반복해 돈을 불려준다. 비슷한 예로, 워런 버핏은 코카콜라의 지분을 대량 보유하고 있다. 그가 받는 배당금은 코카콜라 CEO의 연봉보다 더 높다. 코카콜라에서 일하는 전 세계 직원은 레버리지 시스템 속에서 돈을 벌고 이는 배당금으로 만들어져 워런 버핏의 주머니로 들어가는 구조다.

두 번째, 부동산에 투자한 사람들의 이자는 은행에 큰 자산으로 돌아온다. 은행은 기준금리에 이율을 붙여 돈을 대출해준다. 대출한 돈은 매달 이자로 은행에 돌아온다. 은행은 이를 차곡차곡 모아 직원에게 월급과 배당금을 주고 나머지는 은행의 잉여자금으로 보관한다.

한화증권에서 발행한 PLUS 고배당주 ETF를 잠시 살펴보자. 이 ETF는 은행 관련 종목으로 구성되어 있으며 1년을 기준으로 5%

PLUS 고배당주 ETF

섹터 비중

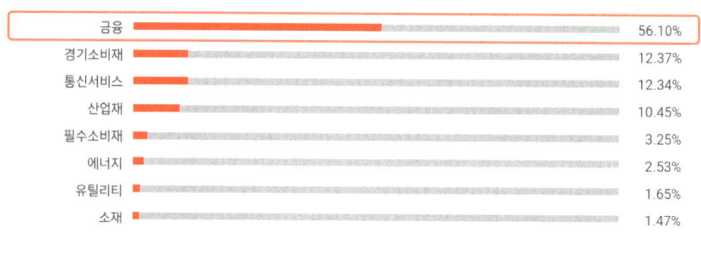

금융	56.10%
경기소비재	12.37%
통신서비스	12.34%
산업재	10.45%
필수소비재	3.25%
에너지	2.53%
유틸리티	1.65%
소재	1.47%

출처: ETF 체크

* PLUS 고배당주 ETF는 56%의 비율로 우리은행, 기업은행, 국민은행 등 금융주 위주의 포트폴리오로 구성되어 있어 높은 배당금을 보장한다.

이상의 배당금을 지급하고 있다.

　부동산에는 사이클이 존재한다. 보통 10년 주기로 움직이며 저금리 상황에서 유동성이 풍부해졌을 때 부동산 상승 사이클이 발생한다. 하지만 현재처럼 고금리 상황에서 부동산 상승은 꿈꾸기 힘들다. 또한 고금리로 발생한 이자는 서민들의 숨통을 옭아매고 있다. 이자 수익은 계속해서 은행으로 흘러들어온다. 자본을 이해한 사람과 자본에 무지한 사람은 어떤 결과의 차이를 낳을까?

　레버리지 공부가 되어 있지 않은 이가 부동산 상승 사이클 꼭지에 아파트를 매수했다. 주변에서 모두 부동산 투자에 열광하고 심지어 부동산 투자로 부자가 되었던 사람들이 유튜브에 나와 자랑하자 자신도 모르게 휩쓸리게 된 것이다. 결국 기존에는 6억 원에 거래되었던 아파트였지만, 대출을 받아 12억 원에 매수했다. 그 아파트는 매매한 뒤 잠깐 13억 원까지 올랐지만, 곧 고금리 정책이 시작되었다. 2%대의 이율은 6%로 치솟았고 원리금과 이자는 2배 이상 늘어났다. 이에 더해 주식시장이 동반 하락하며, 아파트는 12억 원에서 7억 원까지 급락했다. 그에게 남아 있는 돈은 처음 투자한 6억 원이 아니라 1억 원이 된 셈이다. 맞벌이 부부라 월 800만 원이 소득으로 들어오지만 원리금과 이자를 포함해 400만 원이 지출된다.

　반대로 자본을 꾸준히 공부한 이는 저금리 기조가 지속될 때 부동산을 매입한 뒤 급등할 때 팔고 나왔다. 현금화한 금액 일부는 고배당주 ETF에 투자하고 나머지 투자 자금은 이후 부동산 하락 사이클이 마무리되었을 때 다시 투자하기 위해 대기하고 있다. 과거 6억 원의 아파트를 한 채 살 수 있던 돈이 이제는 2채를 살 수 있을 만큼의 시드머니가 되었다. 다음 상승 사이클에 12억 원은 24억 원이 될 수 있다. 이것이 레버리지 효과다.

자산의 사이클을 모르고 레버리지를 일으킨다면, 평생 이자를 갚는 데 전 재산을 쏟아부어야 할지도 모른다. 은행 직원은 이자를 받아 은행에 투자한 주주에게 지급한다. 투자자는 받은 이자를 레버리지해서 자산을 불려 나간다. 이처럼 은행은 철저히 레버리지 시스템 속에서 움직인다.

대표적인 고배당 ETF

기초자산	상품명	총보수	순자산총액	거래량	배당률
주식	PLUS 고배당주	0.23%	4,605억 원	47만 주	8.60%
주식	TIGER 은행 고배당 TOP 10	0.30%	282억 원	54만 주	5.51%
주식	KODEX 고배당	0.30%	957억 원	3만 주	4.27%
주식	TIGER 배당 성장	0.15%	266억 원	1만 주	3.56%
주식	TIGER 코스피 고배당	0.29%	211억 원	1만 주	5.08%

출처: ETF 체크

은행의 레버리지 시스템

은행 직원 → 수익 창출 → 배당금 지급 → 투자자 → 레버리지

근로소득과는 별개로 얻어지는 레버리지 소득의 힘

나는 자녀가 한 명 있고, 결혼했으며, 올해로 마흔이 되었다. 결혼하고 아이를 키우면서 부모들이 겪고 있는 길을 똑같이 경험하며 살아가고 있다. 가장이라는 중압감은 매 순간 부담으로 다가온다. 투자에 입문한 이유 또한 이 중압감을 어떻게 이겨내야 할지 고민하는 데서 출발했다.

서양 속담에 "가난은 대문으로 들어오고, 사랑은 창문으로 나간다"고 했다. 가정의 불행은 대부분 돈에서 기인한다. 돈이 전부는 아니지만, 풍요롭다면 불필요하게 소모되는 고민과 갈등을 해결할 수 있다. 사고 싶은 물건을 앞에 두고 부담스러워서 고민하는 대신, 바로 구매할 수 있다면 그 고민에 에너지를 쓸 필요가 없다. 가족과 여행을 할 때도 마찬가지다. 여행비가 부담스럽다면 조금 더 가성

비 좋은 것을 찾기 위해 에너지를 쓰지만 여유가 있다면 그럴 필요가 없다. 남는 시간은 추가로 소득을 창출하는 데 사용한다. 한쪽은 아끼기 위해서 시간과 에너지를 소비하고 한쪽은 자산을 레버리지 하기 위해 시간과 에너지를 소비한다. 나에게 주어진 시간과 에너지는 공짜가 아니다. 만약 내 가치의 합이 시간과 에너지에 비례한다는 것을 알면 함부로 허비할 수 없다는 걸 깨닫게 된다.

레버리지로 성공하기 위해서는 시간과 에너지, 자본의 흐름을 깨닫고 앞으로 어떻게 쓸 것인지 명확히 알아야 목표를 충실히 이행할 수 있다. 자신이 쓰는 에너지 효율을 계산할 수 있다면 나아가야 할 방향이 보일 것이다.

나는 근무시간에 에너지를 60%를 사용하고 월 600만 원의 소득을 얻고 있다. 40%인 투자와 집필에서 발생하는 소득은 1,000만 원이다. 레버리지를 통해 자산이 복리로 불어난다면 월 소득은 2,000만 원에서 3,000만 원으로 늘어나게 될 것이다. 이제 내 시간과 에너지는 나를 위해 쓸 수 있다. 레버리지를 당하는 삶에서 벗어나 나를 위한 인생, 가족과 행복한 시간을 더 보낼 수 있겠다는 결론에 이른다.

레버리지 소득 > 근로소득

현재 자신의 소득에서 시간과 에너지가 얼마나 투여되는지 계산해보자. 눈에 보이지 않아 어렵지만, 시간과 에너지의 쓰임을 계산하는 연습을 해야 한다. 회사에서만 소득이 발생한다면 하루 24시간 중 몇 시간을 소비하는지, 집에 도착했을 때 어느 정도 에너지가 남아 있는지 계산해보자. 내 연봉의 가치는 지금 내가 쓰고 있는 에너지와 시간의 합과 같다. 레버리지를 공부하기 위해서는 하루 1%씩이라도 시간과 에너지의 효율을 레버리지 공부에 이동시켜야 한다. 과거 100% 중 70%를 회사에 투자해 월급을 벌었다면, 다음에는 65%, 60%, 50%까지 낮추는 연습이 필요하다. 여기서 절약한 자원을 공부를 통해 레버리지로 옮겨 소득을 발생시켜야 한다.

레버리지를 통해
자산 가치를 무한대로 늘려라

회사 점심시간, 식사 후에 커피숍에 들러 1,500원짜리 아메리카노를 산다. 이렇게 팔면 정말 남는 게 있을까? 하루 몇 잔을 팔아야 50만 원의 매출이 나올까? 단순 계산으로 333잔을 팔아야 한다. 아메리카노만 소비되는 건 아니겠지만, 하루 300잔 이상의 커피를 파는 가게는 흔치 않다. 매일 50만 원씩 꼬박 30일을 일하면 1,500만 원의 매출이 발생한다.

원가 40%를 차감하고 인건비, 기타 잡비, 월세를 빼면 매장의 순이익은 300만 원도 되지 않을 것이다. 그런데 이게 끝이 아니다. 직원을 고용하는 부분도 고려해야 한다. 익숙하게 일을 해나갈 때쯤에 그만두는 일도 비일비재하다. 시스템을 만들어놓아도 직원이 그만둔다면 사장이 가게에 나와 시간과 에너지를 쏟아부어야 한다. 결국 투자 대비 순이익이 낮을 뿐더러 자칫 잘못하면 한 달 내내 일을 해야 할 수도 있다. 이처럼 매일 전전긍긍하며, 시간과 에너지를 쏟아부어도 성공 확률이 낮은 게 자영업이다.

회사라고 다를까. 직장에서 승승장구해 전무의 자리에 올랐고 그때의 연봉이 3억 원이라고 해보자. 직장인의 꿈인 임원 중에서도 최상단에 도달했다. 하지만 몇 명이나 저 위치까지 올라갈 수 있을까? 1,000분의 1 확률이다. 1,000명이 입사한다면 1명만이 전무의 자리에 올라간다. 개인의 가치가 높아질수록 직장은 남의 꿈을 응원하는 삶이라는 걸 이해하게 된다. 게다가 직급이 올라갈수록 과세는 높아진다. 앞서 말한 3억 원을 12개월로 나눈다면 월 2,500만 원의 소득이 발생한다. 여기서 과세 40%를 제외한다면 실수령액은 월 1,500만 원이다. 그 자세한 내용은 오른쪽에 표기된 직장인 종합과세표에서 확인할 수 있다.

반대로 내가 사용하는 시간과 에너지를 계산해 최대의 효율을 만들고, 투자를 통해 마흔 살에 전무와 같은 소득을 창출한다면 어떨까? 가족과 더 많은 시간을 보내고 내 건강을 챙기고 동시에 역량을 추가로 높이는 수단에 시간과 에너지를 소비한다면 그 이상의 성과도 기대할 수 있다.

그럼 레버리지를 일으키는 나의 소득 구조를 살펴보자. 월급 600만 원과 투자와 집필로 들어오는 수입이 월 1,000만 원이다. 심

직장인 종합과세표

과세 표준 구간	세율
1,400만 원 이하	6%
1,400만 원 초과 5,000만 원 이하	15%
5,000만 원 초과 8,800만 원 이하	24%
8,800만 원 초과 1억 5,000만 원 이하	35%
1억 5,000만 원 초과 3억 원 이하	38%
3억 원 초과 5억 원 이하	40%
5억 원 초과 10억 원 이하	42%
10억 원 초과	45%

지어 투자로 들어오는 수익은 대부분 비과세다. 레버리지 ETF는 대부분 세금이 붙지 않는다(이는 세금 편에서 자세히 다룰 예정이다). 투자로 1,000만 원의 소득이 발생한다면 해외 투자의 경우라 하더라도 22%의 과세가 붙는다. 만약 미국과 한국에 투자한 ETF에서 50 대 50의 수익이 발생한다면 평균 11%가 과세된다. 즉 마흔 살에 이미 전무만큼의 소득 구조에 올라갈 수 있다는 결론을 내릴 수 있다.

레버리지는 앞으로 나의 소득을 더욱 가파르게 상승시켜줄 것이며, 직장인보다 높은 소득 구조는 나를 자유롭게 해줄 것이다.

내 삶은 선순환 구조로 다시 설계될 것이고, 타인이 시키는 일을 하며 끌려다니는 삶에서 원하는 것을 하고 즐거운 사람들과 시간을 보내고, 원하는 시간에 여행을 떠날 수 있는 주도적인 삶으로 변모할 수 있다. 효율적으로 레버리지를 일으켜 자산을 불려 나가는 것이야말로 시간, 에너지, 자본에서 자유를 쟁취할 수 있는 유일한 통로다.

레버리지는 앞으로 나의 소득을 더욱 가파르게 상승시켜줄 것이며, 직장인보다 높은 소득 구조는 나를 자유롭게 해줄 것이다.

2장

레버리지 ETF의 모든 것

LEVERAGE

ETF란 무엇인가

레버리지를 이해하기 전에 ETF(Exchange Traded Fund)에 대한 개념부터 잡고 가자. ETF는 말 그대로 인덱스펀드를 거래소에 상장시켜 투자자들이 주식처럼 편리하게 거래할 수 있도록 만든 상품이다. 쉽게 표현하면 다음과 같다.

주식 + 펀드 = 상장지수펀드(ETF)

ETF는 투자자들이 개별 주식을 고르는 데 수고를 하지 않아도 되는 펀드 투자의 장점과 언제든지 시장에서 원하는 가격에 매매할 수 있는 주식 투자의 장점을 모두 가지고 있는 상품으로 인덱스펀드와 주식을 합쳐놓은 것으로 생각하면 된다. ETF는 KOSPI 200이나 S&P 500과 같이 한국의 대표적인 200개 기업 또는 미국의 대표적인 500개 기업을 지수화한 뒤 연동해 추종하게끔 만든 지수 추종 상품과 금이나 은, 원유 등 상품을 기초자산으로 만든 ETF, 달러나 엔 등 각국의 통화를 기초자산으로 한 환율 ETF, 채권을 기초자산으로 한 상품 ETF까지 다양한 기초자산을 주식처럼 거래되도록 만든 상품이다.

국내를 대표하는 KOSPI 200 지수

KOSPI 200 지수는 주가지수 선물, 옵션의 거래대상으로 개발된 주가지수다. 이 지수는 증권거래소에 상장된 주식 중 시장의 대표성이나 유동성 등을 고려해 선정된 200개 종목의 시가총액을 나타낸다. 지수는 기준 시점인 1990년 1월 3일, 200개 종목의 상장 시가총액을 100포인트로 하고 비교 시점의 200개 종목의 상장 시가총액을 비교하는 방식으로 계산된다.

KOSPI 200을 계산하기 위해선 먼저 전체 900개 종목 중에서 상장 시가총액이 큰 순으로 분류해 200개 종목을 선택한다. 선택된 종목의 상장 시가총액은 전체 시가총액의 70% 수준이다. 200개 종목은 시장 대표성, 유동성, 업종 대표성을 고려해 선정하는데 어업,

KOSPI 200의 대표 구성 종목

종목	시세	등락률	시가총액(억)	거래량(백만)
삼성전자 005930	61,700 ▲1,500	+2.49%	3,652,417	38,236,233
SK하이닉스 000660	215,500 ▲5,500	+2.62%	1,568,845	5,647,644
삼성바이오로직스 207940	1,095,000 ▲23,000	+2.15%	779,355	87,456
LG에너지솔루션 373220	329,000 ▼5,500	-1.64%	769,860	298,824
현대차 005380	205,000 ▲2,500	+1.23%	429,303	549,671
셀트리온 068270	186,700 ▲400	+0.21%	399,740	565,000
기아 000270	95,700 ▼300	-0.31%	380,573	2,262,433

출처: 네이버증권

광업, 제조업, 전기가스업, 유통서비스업, 통신업, 금융서비스업, 오락문화서비스 등 9개 업종으로 분류해 시가총액, 거래량 비중이 높은 종목을 우선 선정한다.

KOSPI 200 지수를 추종하는 ETF를 매수한다는 것은 코스피 전체를 사는 것과 같다. 대표적으로 KOSPI 200 지수를 추종하는 KODEX 200 ETF의 경우 2025년 1월 14일 기준으로 3만 3,000원이다. 만약 코스피에 상장된 각각의 주식을 한 주씩 매수한다면 몇천만 원의 자금이 들어가겠지만 KOSPI 200을 추종하는 ETF를 매수한다면 3만 3,000원으로 코스피 전체를 담을 수 있다.

미국을 대표하는 S&P 500 지수

S&P 500은 미국의 신용평가회사 스탠더드 앤드 푸어스(Standard & Poor's, S&P)에서 개발한 미국의 주가지수로 다우존스 산업평균지수, 나스닥 지수와 더불어 미국 증시의 대표 주가지수로 불린다. 그중에서도 미국 내 증권거래소 상장 기업 시가총액의 80% 이상을 차지하고 있는 약 500곳의 대기업이 포함되어 실질적인 간판 지수로 취급된다.

S&P 500 지수는 다양한 섹터에 분산된 시가총액 가중 지수로 대형주(예를 들어 애플, 마이크로소프트)가 높은 비중을 차지한다. S&P 500 지수는 안정성과 성장성을 동시에 추구하며 연평균 8%에서 10%의 장기 수익률로 글로벌 투자자에게 인기가 높다. 심지어는 워런 버핏 또한 본인의 사망 후에 투자를 할 경우 가족들에게 S&P 500 지수를 추종하는 지수연동형 펀드에 투자하라고 이야기할 정도로 안정성과 성장성 측면에서 꾸준히 우상향해왔다.

S&P 500 지수를 추종하는 ETF를 매수한다는 건 미국을 대표하는 500개 기업 전체를 사는 것과 같다. 대표적으로 S&P 500 지수를 추종하는 ETF로는 SPY가 있다. 이 ETF를 매수하면 전 세계를 대표하는 미국의 상위 500개 기업을 단 한 주에 담을 수 있다.

S&P 500의 대표 구성 종목

종목	시세	등락률	시가총액(천)	거래량
AAPL 애플	218.27 ▲4.17	+1.95%	3,282,316,758	94,127,768
NVDA 엔비디아	117.70 ▼0.83	-0.70%	2,871,880,000	266,498,528
MSFT 마이크로소프트	391.26 ▲4.42	+1.14%	2,908,619,889	39,675,928
AMZN 아마존닷컴	196.21 ▲1.26	+0.65%	2,079,380,476	60,056,917
META 메타	596.25 ▲10.25	+1.75%	1,510,694,337	25,015,864
GOOGL 알파벳 Class A	163.99 ▲1.19	+0.73%	1,097,585,070	36,625,764
GOOG 알파벳 Class C	166.25 ▲1.20	+0.73%	916,868,750	29,882,064

출처: 네이버증권

지렛대 원리로 이뤄지는 레버리지 ETF

　우리가 주위에서 자주 사용하는 가위, 병따개를 살펴보자. 이 두 가지 물건에는 어떤 특징이 있을까? 적은 힘으로 큰 힘을 발휘해 원하는 결괏값을 손쉽게 얻을 수 있도록 설계되었다. 레버리지는 지렛대의 원리와 같다. 레버리지라는 단어가 지렛대라는 뜻이기 때문이다. 이를 자본과 연결한다면 적은 종잣돈을 가지고 수익을 극대화할 힘을 레버리지라고 이야기한다.

　레버리지 ETF는 특정 지수의 수익률을 두 배 또는 세 배로 추적하는 투자 상품이다. 일반 ETF가 시장 지수의 성과를 그대로 반영하는 것과 달리, 레버리지 ETF는 파생상품을 활용해 지수의 변동성을 확대한다. S&P 500 지수를 추적하는 2배 레버리지 ETF는 해당 지수가 1% 상승할 경우, ETF의 가격은 약 2% 상승하도록 설계되어 있다. 이러한 특성 덕분에 투자자들은 단기간 큰 수익을 기대할 수 있지만 동시에 손실 위험도 그만큼 커지는 특징이 있다.

예를 들어보자. A라는 주식이 경제 위기로 인해 급락했다. 고점에서 50% 이상 하락했지만, 기업 펀더멘털에는 문제가 없어 보인다. 하지만 투자 안정성을 높이기 위해 개별 기업에 투자하기보다 A라는 기업이 속해 있는 ETF에 투자하기로 했다. 특정 섹터가 급락하자 기회가 찾아왔다고 판단했고, 위기가 끝나고 다음 상승 사이클에는 큰 수익이 기대된다.

지금 내가 가지고 있는 투자 금액이 5,000만 원이라고 가정해보

레버리지 ETF 수익 원리

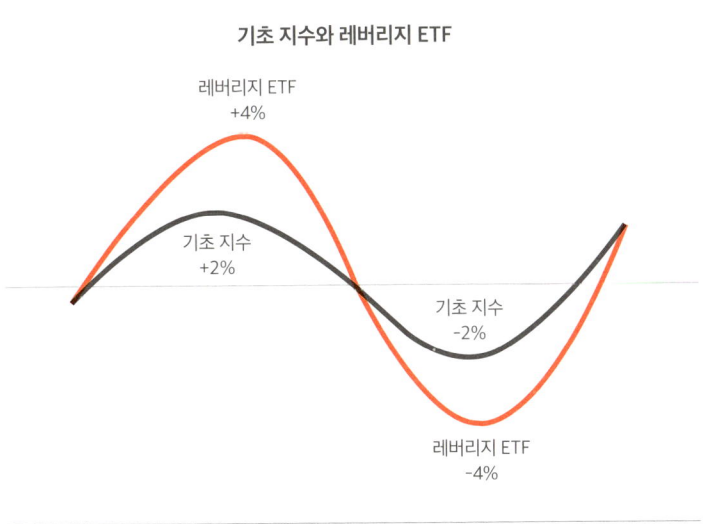

2장 레버리지 ETF의 모든 것

일반 ETF와 레버리지 ETF

일반 ETF	레버리지 ETF
주식시장 지수를 그대로 따라가는 ETF	지수 상승/하락을 2배, 3배로 증폭시키는 ETF
예) 지수 ETF KOSPI 1% 상승 → ETF 1% 상승 KOSPI 1% 하락 → ETF 1% 하락	예) 지수 ETF KOSPI 1% 상승 → ETF 2% 상승 KOSPI 1% 하락 → ETF 2% 하락

자. 레버리지 ETF는 상승 시 기존 수익률의 2배를 추종하기 때문에 1만 원이던 ETF는 하락장에서 3,000원이 되었고 다음 사이클에서 1만 5,000원으로 상승했다. 당시 위기를 기회라고 판단해, 개별 주식 대신 ETF를 선택했고 곧 5,000만 원이던 자산이 4배로 불어나 2억 원이 되었다. 반대로 처음 투자하고자 했던 개별 주식은 경제 위기 속에 상대적으로 낮은 수익률을 보였다. 나는 레버리지 ETF에 투자했기 때문에 수익을 극대화할 수 있었다.

레버리지 ETF는 선물 계약, 옵션 및 기타 금융 파생상품을 사용해 목표로 하는 지수의 수익률을 배가시키는 전략을 사용한다. 이러한 ETF는 매일 리밸런싱(자산 재조정)을 통해 지수의 수익률을 추적하기 때문에 장기 투자보다는 중기 및 단기 투자에 적합하다. 시장의 변동성이 클 경우, 레버리지 ETF의 가격 변동 폭 또한 커지므로 시장의 흐름을 잘 파악하고 있어야 한다.

성장하고 있는
해외 및 국내 ETF 대표 상품

ETF 시장은 크게 세 종류로 나눌 수 있다. 첫 번째, **국내 주식형 ETF**는 주로 국내 주식에 투자하는 상품으로 3분의 2 이상이 국내 주식으로 이루어진다. 국내 주식형 ETF 시장은 2020년 52조 원 규모에서 2025년 182조 원 이상 규모로 성장했으며 개별 주식 직접 거래 비중이 ETF 시장보다 훨씬 크다.

두 번째는 **국내 기타 ETF**로 환율, 채권, 원자재, 해외 주식, 파생상품(레버리지와 인버스) 등으로 구성되어 있다. 레버리지 ETF 또한 국내 기타 ETF에 포함되어 있으며 시장 규모는 작지만 미국 ETF를 국내에서 직접 거래하는 상품 또한 국내 기타 ETF에 포함된다.

세 번째는 **해외 ETF**다. 해외 ETF 시장은 주로 미국을 의미한다. 전 세계 ETF 시장의 75%를 미국이 차지하고 있다. 미국 최초의 ETF

는 1993년 스테이트 스트리트 운용사에서 출시한 SPY로 S&P 500 지수를 추종하며 자산 규모는 현재 530조 원이다. SPY ETF 한 종목이 국내 ETF 시장의 3배 이상 규모다. 미국 전체 시장의 무려 50% 가까이 ETF 시장으로 형성되어 있다. 미국뿐만 아니라, 전 세계의 자금이 미국의 ETF로 흘러들어오고 있다. 퇴직 자금뿐만 아니라 각 국가의 연기금까지도 ETF 시장에 뛰어들어 높은 장기 수익을 목표로 하고 있다. 대표적인 국내 및 해외 레버리지 ETF는 다음과 같다.

대표적인 국내 및 해외 레버리지 ETF

국내 ETF		해외 ETF
국내 주식형 ETF	국내 기타 ETF (해외 지수, 파생형, 채권, 원자재 등)	해외 ETF
KODEX 200 KODEX 고배당	TIGER 미국 S&P 500 KODEX 레버리지 KODEX WTI 원유 선물(H)	SPY QQQ SCHD VOO

국내에 상장된 ETF	• KODEX 레버리지 • KODEX 코스닥 150 레버리지
미국에 상장된 ETF	• TQQQ ETF • SOXL ETF
국내에 상장된 미국 추종 ETF	• KODEX 미국 나스닥 100 레버리지 • KODEX 미국 S&P 500 레버리지

국내 ETF 시장 성장

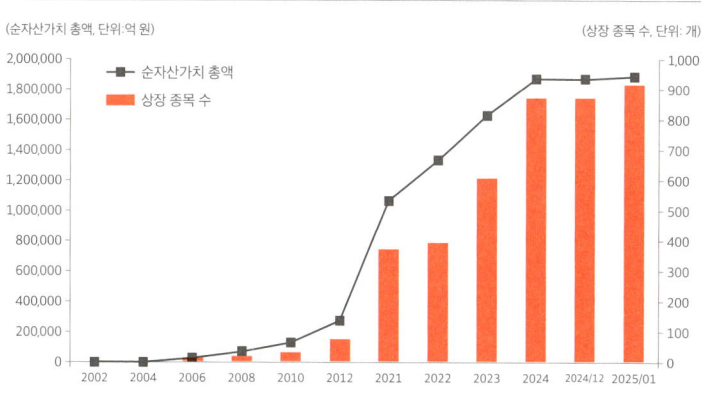

(순자산가치 총액, 단위: 억 원) (상장 종목 수, 단위: 개)

출처: 한국증권거래소

시장 규모

(단위: 억 원, 천 좌, 개)

구분	2002	2004	2006	2008	2010	2012	2021	2022	2023	2024	2024/12	2025/01
순자산가치 총액	3,444	4,896	15,609	33,994	60,578	147,177	739,675	785,116	1,210,657	1,735,639	1,735,639	1,828,211
(직전대비 증감률)	0.0	42.2	218.8	117.8	78.2	143.0	402.6	6.1	54.2	43.4	0.0%	5.3%
발행 좌수	43,700	47,890	130,655	311,100	334,040	843,579	5,268,018	5,905,733	6,914,113	9,465,584	9,465,584	9,952,350
(직전대비 증감률)	0.0	9.6	172.8	138.1	7.4	152.5	524.5	12.1	17.1	36.9	0.0%	5.1%
일평균 거래대금	327	113	230	981	1,102	5,442	29,389	27,828	32,078	34,810	35,534	37,490
(직전대비 증감률)	0.0	-65.6	104.4	325.6	12.4	393.8	440.0	-5.3	15.3	8.5	2.1%	5.5%
상장 종목 수	4	4	12	37	64	135	533	666	812	935	935	941
ETF 운용사	2	2	3	7	11	15	18	23	26	26	26	26

KOSPI 대비 ETF 자산 총액

(단위: 억 원)

구분	2002	2004	2006	2008	2010	2012	2021	2022	2023	2024	2024/12	2025/01
KOSPI 시가총액(A)	2,586,808	4,125,881	7,045,875	5,769,277	11,418,855	11,542,942	22,033,665	17,672,352	21,263,725	19,633,288	19,633,288	20,571,323
ETF 자산총액(B)	3,444	4,896	15,609	33,994	60,578	147,177	739,675	785,116	1,210,657	1,735,639	1,735,639	1,828,211
(비중=B/A)	0.1	0.1	0.2	0.6	0.5	1.3	3.4	4.4	5.7	8.8	8.8%	8.9%

출처: 한국증권거래소

국내 상장 레버리지 ETF

명칭 먼저 익히기

ETF에 처음 투자하는 초보 투자자뿐 아니라 ETF 투자를 오래 한 투자자들 또한 각자가 선호하는 ETF 위주로 투자하고 있어 시장에서 사용되는 종목 전체의 의미를 아는 투자자는 드물 수 있다. 그래서 처음 ETF를 접하는 투자자에게는 상품의 명칭이 생소하고 어렵게 느껴질 수 있다. 하지만 정해진 규칙을 알아두면 금세 상품을 이해할 수 있다. 순서대로 명칭에 대한 의미를 알아보자.

ETF 명칭에 담긴 의미

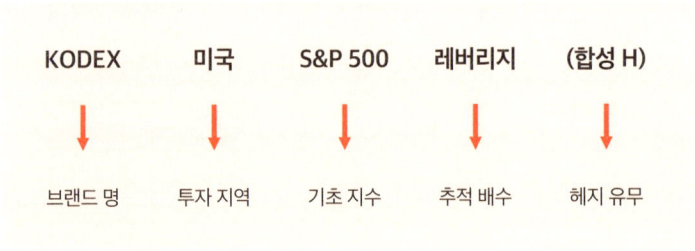

브랜드 명과 연관된 운용사

KODEX	삼성자산운용	ARIRANG	한화자산운용
TIGER	미래에셋자산운용	KBSTAR	KB자산운용
KINDEX	한국투자신탁운용	TREX	유리자산운용
KOSEF	키움자산운용	GIANT	대신자산운용

1. **브랜드 명** 해당 ETF를 운용하는 회사를 의미한다. 다양한 운용사들이 존재하며, 대표 상위 운용사들은 표로 소개해두었다. 국내 점유율이 가장 높은 운용사는 KODEX라는 브랜드 명으로 활동하고 있는 삼성자산운용이다.

2. **투자 지역** 해당 지수를 추종하는 국가를 의미한다.

3. **기초 지수** 코스피, 코스닥, 다우지수, S&P, 나스닥 등 시장에 상장된 전체 기업 중 시가총액 기준으로 구성된 지수인 KOSPI 200, S&P 500 등이 여기에 속한다. ETF는 기초 지수를 기반으로 만든 금융 상품으로 기초 지수가 움직이는 만큼 ETF 가격도 같이 움직이며 수익률은 기초 지수와 연동된다.

4. **추적 배수** 추적 배수의 인버스는 투자자의 수익률과 해당 지수가 역수 관계에 있는 것이며 레버리지는 해당 지수와 수익률 관계가 2배 상승/하락률을 갖는다. 인버스 2X는 인버스의 2배 상승 및 하락률을 갖는다.

5. **합성(H)** 합성은 자산운용사가 증권사와 계약을 맺고 증권사가 대신 매도 및 매수를 한다는 의미다.

6. **(H)** H는 국내 ETF에 사용되지 않으며 환율 차이가 발생하는 해외 ETF에 붙게 되는데, 헤지(Hedge)에는 환율을 차단한다는 의미가 있다. 말 그대로 환율 변동의 영향을 받지 않고 종목의 가치에 투자할 수 있다는 뜻이다.

국내에 상장된 레버리지 ETF 시장의 경우, 2024년 대비 1조 원 가량 성장한 것으로 나타났다. 국내 레버리지 ETF 시장이 성장하고 있으나 해외 레버리지 ETF 시장에 비하면 매우 작은 규모다. 미국의 레버리지 ETF 시장이 대기업이 운영하는 대형 할인점이라면, 국내 레버리지 시장은 편의점이라고 생각하면 딱 맞다. 아직은 레버리지 상품이 다양하지 않으며, 거래량이 미미한 종목들이 대부분이라 투자 시 거래량을 꼭 확인하고 투자에 임해야 한다.

국내에 상장된 레버리지 ETF의 경우 코스피, 코스닥을 추종하는 지수 레버리지 ETF가 거래량 상위 종목에 꾸준히 오르내리고 있다. 대표 상품이 코스닥을 대표하는 **KODEX 코스닥 150 레버리지 ETF**, 코스피를 대표하는 **KODEX 레버리지 ETF**다. 지수가 하락 시 2배 수익을 추구하는 **KODEX 200 선물 인버스 2X ETF** 상품 또한 인기가 높다. 그다음으로 인기가 높은 레버리지 ETF의 경우 국내 시장의 양대 버팀목인 반도체, 2차전지 레버리지 ETF가 있고, 환율, 채권 레버리지 ETF 등도 거래되고 있다. 국내 금융당국은 개인 투자자의 위험성을 고려해 현재 예탁금 1,000만 원과 사전 온라인 교육을 의무화했고, 2배 레버리지 ETF의 상품 개발에는 적극적이지 않은 모습이다. 이러한 이유로 규제가 없는 미국의 ETF 시장으로 넘어가 고위험군인 3배 레버리지 ETF에 투자하는 투자자들도 크게 늘고 있다. 역설적이게도 국내 레버리지 시장을 규제

운용사별 레버리지 ETF 순자산 규모

자산운용사	2023년 12월		2024년 11월	
	순자산 규모	점유율	순자산 규모	점유율
삼성자산운용	3조 6,981억 원	78.0%	4조 2,598억 원	74.3%
미래에셋자산운용	6,529억 원	13.3%	1조 181억 원	17.8%
한국투자신탁운용	1,140억 원	2.4%	2,161억 원	3.8%
KB자산운용	1,533억 원	3.2%	1,178억 원	2.1%
키움투자자산운용	435억 원	0.9%	578억 원	1.0%
NH-Amundi자산운용	437억 원	0.9%	460억 원	0.8%
한화자산운용	186억 원	0.4%	200억 원	0.2%
전체	4조 7,242억 원	100%	5조 7,357억 원	100%

출처: 한국증권거래소

하자 미국의 고위험군 레버리지 상품에 뛰어드는 부작용으로 작용했다.

　국내 ETF 시장 규모는 작고 레버리지 시장은 더 미미하다. 레버리지 ETF 시장은 KODEX 브랜드를 사용하고 있는 삼성자산운용이 74.3% 점유율로 가장 높고, TIGER 브랜드를 쓰는 미래에셋자산운용에서 17.8%의 점유율을 확보하고 있다. 두 개의 회사가 레버리지 ETF 시장의 90% 이상을 차지하고 있고 거래량이 가장 활발하다. 나 역시 국내 레버리지 ETF 투자 시 거래량을 우선 확인한다. 아직 국내 레버리지 ETF에 투자할 경우 삼성자산운용이나 미래에셋자산운용에서 운용하는 상품을 제외하면 거래량이 적은 ETF가 수두룩하다. 그러므로 레버리지 ETF 투자를 고려하고 있다면 KODEX, TIGER 브랜드를 가진 종목을 우선 살펴보고 다른 ETF 상품과 비교해봐야 한다. 수수료가 높더라도 거래량이 활발한 종목에 투자하는 것이 좋다.

국내에 상장된 해외 레버리지 ETF

국내에 상장된 해외 레버리지 ETF의 경우 18종목만 거래되고 있으며 나스닥, S&P 500 등을 대표하는 지수 레버리지 ETF, 유럽과 중국, 인도 지수를 추종하는 글로벌 레버리지 ETF, 채권 등 국내에 상장된 해외 레버리지 ETF 상품의 경우 시장이 더욱 작은 편이다. 매매 차익에 대한 과세에 차이가 있어 국내에 상장된 해외 레버리지 ETF에 투자하기보다 미국에 직접 투자하는 경우가 늘고 있다(세금 부분은 뒤에서 다룰 예정이다). 또한, 국내에 상장된 해외 레버리지 ETF 상품의 경우 환 헤지 상품이 존재하기 때문에 환율 변동에 대처하기 힘들다면 환 헤지 상품을 고려해봐도 좋다. 해외 레버리지 ETF를 이용하는 일반 계좌의 경우 15.4%의 배당소득세가 발생하지만 개인종합 관리계좌(ISA)를 통해 투자할 경우 3년 만기 동

국내에 상장된 해외 레버리지 ETF

기초자산	상품명	총보수	순자산총액	거래량
주식	KODEX 미국 나스닥 레버리지(합성 H)	0.30%	1,819억 원	18만 주
주식	KODEX 인도 니프티 레버리지(합성)	0.39%	375억 원	1만 주
주식	KODEX 차이나 H 레버리지(H)	0.64%	545억 원	36만 주
주식	ACE 일본 TOPIX 레버리지(H)	0.50%	214억 원	1만 주
채권	ACE 미국 30년 국채 선물 레버리지(합성 H)	0.25%	789억 원	21만 주
주식	PLUS 미국 테크 TOP 10 레버리지(합성)	0.50%	151억 원	1만 주
주식	TIGER 미국 S&P 500 레버리지(합성 H)	0.25%	699억 원	1만 주
주식	TIGER 미국 나스닥 100 레버리지(합성)	0.25%	1,159억 원	9만 주

출처: ETF 체크

안 일반형 ISA에 대해서는 200만 원 한도에서 비과세가 가능하다. 서민형 ISA의 경우 400만 원 한도에서 비과세가 가능하고, 초과분 9.9%까지 분리 과세가 적용되므로 고수익을 노리면서 절세 효과까지 얻을 수 있다. 하지만 연금저축계좌, IRP의 경우 노후 준비를 위한 계좌이므로, 위험을 낮추기 위해 위해 국가에서 레버리지 투자를 막고 있다.

미국 레버리지 ETF

미국은 국내 ETF 시장보다 규모가 크고 전 세계 자본이 미국 ETF 시장으로 몰려들기 때문에 이를 운용하는 ETF 운용사들 또한 다양하게 존재한다. 국내 개별 투자에만 익숙해 있고 ETF 투자에 생소하다면 초보 투자자 입장에서는 상품명이 외계어처럼 보일 수도 있다. 국내에 상장된 ETF의 상품에도 규칙이 존재하는 것처럼 미국 ETF 또한 정해진 규칙이 존재한다.

미국 ETF 시장에는 메이저 운용사 세 곳이 존재한다. 첫 번째가 뱅가드(Vanguard)라는 자사 브랜드 명칭을 그대로 쓰고 있는 뱅가드운용사이며, 두 번째가 아이셰어즈(iShares)라는 브랜드를 사용하고 있는 블랙록(BlackRock)이다. 세 번째는 스파이더(SPDR) 브랜드로 유명한 스테이트 스트리트다. 그 뒤를 이어 수많은 운용사가 자신들만의 브랜드명을 앞세워 상품을 개발하고 있다.

미국 ETF의 경우, '티커 브랜드명 + 추종 벤치마크 + ETF' 순으로 구성되어 있다. 예를 들어, DIA ETF는 'SPDR Dow Jones Industrial Average ETF'로 구성되는 식이다. 미국 ETF의 상품명이 어렵다면 티커로 기억하자. 티커란 주식 종목의 알파벳 약자를 의미하며, 뉴욕 증시의 경우 알파벳 네 자리까지 가능하고, 나스닥의 경우 알파벳 다섯짜리까지 가능하다.

미국의 대표 운용사

운용사	브랜드	대표 상품
블랙록(BlackRock)	아이셰어즈(iShares)	IVV(iShares Core S&P 500)
뱅가드(Vanguard)	뱅가드(Vanguard)	VTI(Vanguard Total Stock Market Index Fund)
스테이트 스트리트 글로벌 어드바이저(State Street Global Advisors)	SPDR(Spider)	SPY(SPDR S&P 500 Trust)
인베스코(Invesco)	파워셰어즈(PowerShares)	QQQ(Invesco QQQ Trust Series 1)
찰스슈왑(Charles Schwab)	슈왑(Schwab)	SCHD(Schwab US Dividend Equity)
퍼스트 트러스트(First Trust)	퍼스트 트러스트(First Trust)	FV(First Trust Dorey Wright Focus 5)
위즈덤 트리(Wisdom Tree)	위즈덤 트리(Wisdom Tree)	DGRW(Wisdom Tree US Quality Dividend Growth Fund)
벤엑(VanEck)	마켓 벡터스(Market Vectors)	SMH(VanEck Semiconductor)
구겐하임(Guggenheim)	구겐하임(Guggenheim)	Invesco로 통합
프로셰어즈(ProShares)	프로셰어즈(ProShares)	NOBL(ProShares S&P 500 Divindend Aristocrats)

* 운용사 이름과 브랜드 명칭을 동일하게 쓰는 곳은 음영으로 표시해두었다. 뱅가드(Vanguard)는 브랜드 명칭이 동일하며, 블랙록은 아이셰어즈(iShares)라는 브랜드를 사용한다. 스테이트 스트리트 글로벌 어드바이저는 스파이더(SPDR)라는 브랜드를 사용한다.

레버리지 ETF 투자 전
세금 확인은 필수

레버리지 ETF 투자 전 다음과 같은 기본 정보를 기억해두자.

1. 레버리지 ETF 상품은 말 그대로 ETF 기초자산의 수익률을 2배 또는 3배로 추종하는 상품이다. 짧은 시간에 높은 수익을 기대할 수 있고, 그만큼 위험도 크기 때문에 시장 흐름을 읽어낼 수 있는 눈을 키우는 공부가 필요하다.

2. 특정 조건에 따라 세율이 달라지기 때문에 투자 전 세금을 미리 숙지해야 한다. 레버리지 ETF에 대한 세금은 일반적인 주식 거래와 유사하게 적용되며, 매매 차익에 대한 세금이 부과된다. 특정 조건에 따라 세율이 달라질 수 있다는 점도 기억하자.

3. 투자 전 세금을 고려해 장기 및 단기 투자 전략을 세워보자. 레

버리지 ETF는 변동성이 크기 때문에 단기 투자에 적합하지만 장기 보유 시 손실 위험이 증가할 수도 있으므로 단기 및 장기 전략을 적절히 수립하는 것이 중요하다.

국내에 상장된 레버리지 ETF 세금

여기서는 핵심을 가장 잘 파악할 수 있도록 질문과 답변으로 내용을 구성해보았다.

Q1. 매매 차익에 대해서 15.4% 과세가 되나요?

A. 반은 맞고 반은 틀리다. 네이버 블로그 등에는 레버리지 ETF에 대해 잘못 올라온 정보가 대부분이다. 블로그에서는 보통 국내에 상상된 레버리지 ETF의 경우 무조건 매매 차익의 15.4%가 과세가 된다고 이야기하지만 국내에 상장된 기타 ETF의 경우, 과표 증가분과 매매 차익 중 적은 금액에 15.4%를 과세하게 된다. 일반적으로 배당소득세는 기업이 이익을 얻어 주주들에게 환원하는 정책이다. 이는 법적으로 배당금이 지급되는 순간 원천 징수되어 내 통장으로 입금이 되는 구조다. 하지만 레버리지 ETF의 경우 매매 차익을 배당소득세로 분류하는 데 매매 차익에 대해 15.4%의 세금

국내 상장 및 해외 상장 ETF의 과세

구분	국내 주식형 ETF	국내 상장 기타 ETF	해외 상장 ETF
분류	국내에 상장되어 있으면서 국내 주식으로만 구성된 ETF	국내 주식형 ETF를 제외한 국내 상장 ETF (채권, 해외 주식, 원자재, 파생형 상품)	해외에 상장된 ETF
예시	KODEX 200	• KODEX 레버리지 • SOL 미국 배당 다우존스(H)	SCHD, SPI, DIA
매매 차익 과세	비과세(X)	배당소득세 15.4%(O)	250만 원까지 기본 공제 후 양도소득세 (22%) 적용
분배금 과세(배당금)	배당소득세 15.4%(O)		
금융소득 종합과세 대상 여부	분배금만 합산	매매 차익 + 분배금 합산	분배금만 합산

이 발생하는 것이 아닌 ETF 매수 시점부터 매도 시점까지 과표 기준 가격의 상승분과 실제로 발생한 매매 차익 중 적은 금액에 대해 15.4% 원천징수 된다. 요약하자면 다음과 같다.

▶ 국내에 상장된 기타 ETF의 매매 차익 과세는 배당소득세

▶ ETF 매수 시점부터 매도 시점까지 과표기준가 상승분과
  실제로 발생한 매매 차익 중 적은 금액에 대해 15.4% 원천징수

Q2. 매매 차익은 양도소득세 아닌가요?

A. 펀드에서 발생하는 소득은 투자 자산 및 투자 방법에 따라 주식 매매 차익과 배당, 채권 매매 차익과 이자 등 다양하다. 하지만 펀드 안에서 발생한 소득은 모두 배당소득으로 보고 있다. 국내 주식형 펀드에서 발생하는 소득 중 많은 부분은 국내 주식 매매 차익이 자치하는데, 이 소득은 과세에서 제외되기 때문에 국내 주식형 펀드는 비과세, 즉 절세 상품에 속한다.

과표기준가를 중요하게 살펴보자

과표기준가란 상품에 과세가 적용된 가격이다. 이는 순자산총액(NAV)을 산출할 때 함께 산출되기 때문에 하루에 한 번 바뀐다. 과표기준가를 구하기 위해서는 순자산총액에서 보수, 거래 비용, 라이선스 비용과 같이 운용에 필요한 비용을 뺀다. 그 후 ETF 좌수로 나누게 된다. 이렇게 구해진 과표기준가 차이와 매매 차익을 비교해 적은 금액에 15.4%를 과세한다. 계산식으로 표현하면 다음과 같다.

$$\frac{\text{순자산총액(NAV)} - \text{운용비용}}{\text{ETF 좌수}}$$

예를 들어보자. 10월 16일, 2만 원의 ETF를 매수했고 당시 ETF의 과표기준가는 2만 500원이었다. 12월 10일에 ETF 가격은 2만 3,000원이 되었고 이날의 과표기준가는 2만 3,100원이었다. 매도 시 3,000원의 매매 차익이 발생했고 과표기준가의 증가분은 2,600원이었다. 최종적으로 2,600원에 15.4%의 과세가 매겨지는 방식이다.

매매 차익이 발생했지만, 과세가 되지 않는 경우도 있다. 2만 원의 ETF를 매수했을 당시 과표기준가가 2만 500원이었는데 매도할 때 2만 3,000원이 되었지만, 과표기준가는 2만 원이 되었다. 이 경우에는 매매 차익 3,000원이 발생했지만, 과표기준가 증가분이 -500원으로 과표기준가 증가분이 마이너스가 되어 손해를 본 것으로 이해해 과세가 되지 않는다. 과표기준가를 찾는 방법은 다음과 같다.

키움증권 HTS
▼
종목 검색
▼
과표기준가 화면 상단에 위치
▼
과표기준가 확인

과표기준가를 찾는 방법

←	종목토론	대주가능종목	ETF구성종목	**과표기준가**		⋮

☆ KODEX 코스닥150레버리지
통합 펀 233740
7,260 10단
▼ 260 3.46% 예상

KOSDAQ 150 1,193.00 ▼ 17.90 1.48% 103,212

	6,964	7,290	예상수량 595,984
	7,555	7,285	전일거래 29,586,233
	17,765	7,280	거래량 32,569,295
			전일비 110.08%
	36,046	7,275	기준가 7,520
	11,531	7,270	시가 7,295
			고가 7,435
	33,574	7,265	저가 7,185
			상한가 12,030
	119,812	**7,260**	하한가 3,010
체결강도	86.59%	7,255	거래비용 3
7,260	28	7,250	46,364
7,260	1		42,967
7,260	50	7,245	25,530
7,260	110	7,240	59,261
7,260	500		
7,260	8,830	7,235	11,066
7,260	8		
7,260	2	7,230	27,448
7,260	9		
	276,860	총잔량	380,326

코스피 2,643.13 ▲ 6.03 0.23%

≡ 메뉴 관심종목 **현재가** 주문 차트 계좌 종합뉴스 투자정보 주식분석 투자자별

출처: 키움증권 HTS

2장 레버리지 ETF의 모든 것

국내에 상장된 해외 레버리지 ETF 세금

국내에 상장된 해외 ETF에 투자할 때 가장 먼저 고려해야 할 부분은 과세 차이다. 해외 ETF는 국내에서 거래되지만, 그 기초자산은 외국에 있다. 국내 기타 ETF(해외 주식 및 채권, 원자재, 국내 채권, 레버리지, 인버스 ETF 등)의 분배금은 국내 주식형 ETF와 동일한 방식으로 과세하며, 매매 차익은 과표 증분과 비교한 후에 적은 금액에 15.4%를 과세한다. 미국과 달리 손익상계는 안 되고 금융소득 종합과세에는 포함된다. 국내 주식형이 아닌 국내외 채권형이나 해외 주식형 ETF 등은 매매 차익과 과표기준가 간의 차이가 적어 배당소득세 15.4%가 과세될 수 있으니 주의해야 한다.

국내에 상장된 해외 레버리지 ETF의 경우는 18종목뿐이어서 거래가 미미하다. 해외에 직접 투자하는 경우와 비교했을 때, 국내에 상장된 해외 레버리지 ETF 투자 시 과세에 있어 불리하므로 종목을 추가로 만들지 않는 이유이기도 하다. 만약 국내에 상장된 해외 레버리지 ETF에 투자하게 된다면 세금이 달라지므로 지금부터 확인해보자.

미국에 직접 투자할 경우 손익 통산 제도가 적용된다. 연간 250만 원까지는 비과세 처리되며 1년간의 손익과 손실을 통산해 250만 원 이상의 수익 발생 시 22% 세금이 발생해 다음 해 5월 종합과세 신고대상에 포함돼 세금을 내야 한다. 대신 2,000만 원 이상의 매매 차익이 발생했을 때 적용되는 금융소득 종합과세 대상에는 포함되지 않는다.

반대로 국내에 상장된 해외 레버리지 ETF의 경우 매매 차익 및 과표 증가분의 차이가 미미해서 수익에 대해 15.4% 세금이 발생하며, 2,000만 원 이상의 수익이 발생했을 시 금융소득 종합과세 대상에 포함된다. 연봉이 높다면 5월에 세금 폭탄을 맞을 수도 있어 주의해야 한다.

손익과세도 신경 쓰자

미국에 상장된 ETF의 경우 250만 원 수익까지는 비과세 혜택을 받게 되는데 이를 손익과세라 한다. 손익과세의 경우, A라는 ETF에 대해서 수익이 500만 원 발생하고 B라는 ETF에 대해서 손실이 300만 원 발생했다면, A ETF의 수익인 500만 원과 B ETF의 손실인 300만 원을 합산해 총 200만 원 수익이 난 것으로 보아, 250만 원 내의 과세 면제 구간에 해당하게 된다. 최종적으로 250만 원이 넘지 않아 22% 해당하는 세금이 부과되지 않는다. 하지만 국내에 상장된 해외 ETF의 경우 손익과세가 적용되지 않아 손해를 보았어도 매매 차익에 대한 부분에만 과세가 적용되어 세금이 부과된다. 해외 레버리지 ETF와 국내 레버리지 ETF 투자 시 손익과세가 적용되는 구간은 다음과 같다.

[해외 레버리지 ETF 투자 시]

A ETF 수익 500만 원 - B ETF 손실 300만 원

= 총 200만 원 수익

→ 250만 원 미만의 손익과세 적용

[국내 상장 레버리지 ETF 투자 시]

A ETF 수익 500만 원- B ETF 손실 300만 원

= 총 200만 원 수익

→ 500만 원에 대해서만 15.4% 배당소득세 과세

→ 2,000만 원 이상의 소득 시 금융소득 종합과세 대상에 포함

* 국내에 상장된 레버리지 ETF 투자 시 손익과세 제도가 존재하지 않아 수익과 손실이 동시에 발생해도 수익에 대해서만 과세 적용된다는 점에 주의해야 한다.

국내 주식형 레버리지 ETF

종목	과표기준가 변동
KODEX 레버리지 TIGER 레버리지 ACE 레버리지	변동성 적음
KODEX KRX 300 레버리지	변동성 적음
KODEX 코스닥 150 레버리지 TIGER 코스닥 150 레버리지 RISE 코스닥 150 레버리지	변동성 적음
KODEX 2차전지 산업 레버리지	변동성 적음
TIGER 2차전지 TOP 10 레버리지	변동성 적음
TIGER 200 IT 레버리지	변동성 적음
KODEX 반도체 레버리지	변동성 적음
TIGER 반도체 TOP 10 레버리지	변동성 적음
TIGER 200 에너지 화학 레버리지	변동성 적음

* 국내 주식으로만 이루어진 레버리지 ETF의 경우 매매 차익과 과표기준가 중 매입한 ETF의 가격이 크게 올라도 과표기준가의 변동 폭은 적어 세금은 거의 발생하지 않는다.

국내에 상장된 해외 레버리지 ETF

종목	과표기준가 변동
ACE 골드 선물 레버리지(합성 H)	변동성 큼
KODEX 미국 달러 선물 레버리지 TIGER 미국 달러 선물 레버리지	변동성 큼
TIGER 미국 필라델피아 반도체 레버리지(합성)	변동성 큼
ACE 미국 30년 국채 선물 레버리지(합성 H) RISE 국채 30년 레버리지(합성)	변동성 큼
KODEX 미국 나스닥 100 레버리지(합성 H)	변동성 큼
TIGER 미국 S&P 500 레버리지(합성 H)	변동성 큼
ACE 미국 빅테크 TOP 7 Plus 레버리지(합성)	변동성 큼
ACE 일본 TOPIX 레버리지(H)	변동성 큼
TIGER 유로 스톡스 레버리지(합성 H)	변동성 큼
TIGER 이머징마켓 MSCI 레버리지(합성 H)	변동성 큼
TIGER 인도 니프티 50 레버리지(합성 H)	변동성 큼
ACE 중국본토 CSI 300 레버리지(합성) TIGER 차이나 CS 300 레버리지(합성) KODEX 차이나 H 레버리지(H) KODEX 차이나 전기차 레버리지(합성) TIGER 차이나 항생 테크 레버리지(합성 H)	변동성 큼

* 국내 기업으로 이루어진 레버리지 ETF 외 기타 레버리지 ETF의 경우 ETF의 가격과 과표기준가의 가격 변동 폭이 같이 움직이기 때문에 매매 차익에 대해 15.4%의 배당소득세가 발생하고 2,000만 원 매매 차익 초과 시 금융소득 종합과세 대상에 포함되기 때문에 2,000만 원 미만으로 수익이 발생하게 관리해야 하며, 투자 금액이 크다면 비슷한 종류의 해외 레버리지 상품에 투자해야 절세할 수 있다.

해외 직접 투자 시 레버리지 ETF 세금

해외 레버리지 ETF 세금 계산은 매우 단순하다. 앞서 설명했듯, 손익과세 제도가 존재해 250만 원까지는 1년을 손실 통산해 수익이 250만 원을 넘지 않는다면 과세하지 않는다. 대신 250만 원을 넘긴다면 손익과세가 적용되고 2,000만 원이 넘어가는 수익에 대해서도 금융종합 과세대상에 포함되지 않는다.

투자자들 사이에서 국내 주식시장의 난도는 매우 높다고 평가된다. 대신 국내 주식형 ETF는 세금이 없다. 지수 레버리지 ETF의 경우에는 매매 차익보다는 과표 증분이 적용되어 세금이 거의 발생하지 않는다. 미국의 지수 레버리지 ETF의 경우에는 250만 원 이상 수익이 발생할 경우 22%의 세금을 내야 한다. 지수 레버리지 ETF 투자를 선호한다면, 어떤 시장이 나에게 유리하고 투자 성향에 적합한지 따져보고 투자해야 절세할 수 있다. 국내 레버리지 시장의 경우 규제가 강하기 때문에 다양성이나 확장성, 성장성에서 한계가 존재한다. 규제가 없는 미국 ETF 시장으로 자금이 몰려드는 이유다.

미국의 경우, 각 해의 12월 마지막 날을 기준으로 손익 통산 제도가 존재하므로 만약 수익 나는 종목과 손실 나는 종목을 정리해 수익이 250만 원 이하라면 양도소득세 22%는 내지 않아도 된다. 여기서 한 가지 주의해야 할 점이 있다. 법에서 정한 양도소득의 정의는 당해 연도에 발생한 소득을 말한다. 이에 따르면, 각 해의 1월 1일에서 12월 31일까지 발생한 양도소득을 의미한다. MTS, HTS 등을 이용해서 주식 거래 및 체결되는 시점과 우리나라나 미국 증권거래소에서 실제 주식이 거래되는 시점에서 차이가 있어, 영업일 기준 12월 31일 이틀 전까지의 거래를 기준으로 미국 주식 양도소득이 산정되고 있다. 따라서 미국 증시기준 거래 마지막 날 이틀 전에 매도해야만 비과세 혜택을 받을 수 있다. 이틀 전인 것을 강조하기 위해 다음과 같이 기억해두자.

마지막 거래일 기준
D-2

배당소득세

배당금이 발생하는 ETF 투자 시, 월이나 분기, 연으로 배당금이 발생하며, 이를 주주에게 나눠준다. 배당소득이란 배당금과 이자에서 발생한 수익에 15.4%를 원천징수해 주주에게 지급하는 금액이다. 예를 들어 100만 원의 배당금을 받는다면 15만 4,000원을 제외하고 나머지 금액인 84만 6,000원이 통장에 들어오게 된다. 또한, 배당금에서 발생한 수익이 연간 2,000만 원을 넘었다면 금융소득 종합과세 대상에 포함된다. 그러므로 고액 연봉을 받고 있다면 배당금은 연간 2,000만 원이 넘지 않는 범위에서 관리해야 한다. 레버리지 ETF의 경우 초과 수익을 추종하기 때문에 대부분 레버리지 ETF는 배당금이 적은 편이다.

레버리지 및 인버스 ETF 사전 교육

국내에서 ETF 투자 시 레버리지 상품과 인버스 상품은 고위험 상품으로 분류되어 있다. 따라서 레버리지 ETF를 거래하고 싶다면 사전 교육을 이수하고 증권사에 이수 번호를 입력해야 한다. 레버리지와 인버스 ETF는 단기적인 시장 전망에 따라 투자하기 적합한 상품이지만 투자에 있어 좀 더 신중해야 한다.

ETF 교육은 2020년 9월 1일부터 금융투자교육원(www.kifin.or.kr) 홈페이지를 통해 수강할 수 있으며 3,000원 정도의 수강료가 부과된다. 강의는 단일 과정으로 약 1시간 정도 진행되며, 수강을 완료하면 이수 번호를 부여받게 된다. 구체적인 교육 방법은 다음과 같다.

1. 금융투자교육원 홈페이지 접속

2. 회원 가입 및 로그인

3. 사전 의무교육 수강 신청 및 학습하기

4. 수료증 발급

5. 이수 번호 발급

6. 거래하고 있는 증권사에 이수 번호를 등록하고 ETF 거래 신청

    미국의 2배 및 3배 레버리지 상품의 경우 국내처럼 사전 교육 절차는 없어서 일반 주식과 마찬가지로 바로 거래할 수 있다. 상대적으로 진입장벽이 낮아 누구나 손쉽게 레버리지 상품에 투자할 수 있지만 위험성도 그만큼 높다.

과표기준가를 계산해보자

Q1.

2020년 3월 9일에 1억 원의 금액을
TIGER 레버리지 ETF에 투자한 후 2022년 12월 1일에
매도했을 때 수익과 세금은 각각 얼마일까요?

A. TIGER 레버리지 ETF를 2020년 3월 19일, 5,965원에 매수해 2022년 12월 1일에 1만 4,780원에 매도했을 경우, 매매 차익은 148% 상승해 총 147,778,709원이 되었지만 매매 차익에 대해서는 15.4%의 세금을 내지 않는다. 국내에 상장된 기타 ETF의 경우, 매매 차익을 배당소득세로 간주하며, 매매 차익과 과표기준 중 적은 금액에 대해 15.4%의 배당소득세가 발생한다. 즉, 1억 4,700만 원의 수익이 발생했지만, 세금은 과표기준가인 8%가 적용되어 130만 원 정도다.

과표기준가를 적용한 수익과 세금

	일자	가격	과표기준가
매수	2020년 3월 19일	5,965원	
매도	2022년 12월 1일	14,780원	
증가분(수익률)		148%	8%
1억 원 투자 시		147,778,709원	8,470,268원
세금 15.4%			1,304,421원

> **Q2.**
> 국내에 상장된 기타 ETF는 모두
> 과표기준가로 적용되나요?

A. 국내에 상장된 기타 ETF에 모두 과표기준가가 적용되는 건 아닙니다. 2차전지 산업 레버리지 ETF, 반도체 레버리지 ETF 상품 또한 과표기준가의 변화는 거의 없지만, 달러 선물 레버리지 ETF, 국내에 상장된 해외 레버리지 ETF의 경우 과표기준가와 ETF 간의 가격 변동 차이가 비슷하게 움직이기 때문에 매매 차익의 15.4%, 2,000만 원 초과 수익 시 금융소득 종합과세 대상에 포함될 수 있다. 국내에 상장된 기타 ETF에 포함된 레버리지 ETF에 투자할 경우 꼭 과표기준가와 ETF 간의 가격 움직임을 살펴보아야 한다.

> **Q3.**
> 레버리지 ETF의 경우 매매 차익과 분배금을 합산해 2,000만 원 이상의 수익이 발생하면 금융소득 종합과세 대상에 포함되나요?

A. 만약 1억 원의 연봉을 받는 직장인이 레버리지 ETF 투자로 3,000만 원 이상의 수익이 발생한다면 연봉 1억 원 구간은 35%의 과세가 되기 때문에 3,000만 원에서 2,000만 원을 뺀 1,000만 원에서 35%인 350만 원을 추가로 5월에 납부해야 한다. 하지만 이는 반은 맞고 반은 틀린 말이다. 2,000만 원 이상 수익을 거뒀을 경우 종합과세 대상에 포함되는 건 맞지만, 매매 차익과 과표기준가를 기준으로 차익이 적은 부분이 세금으로 책정되기 때문에 금융소득 종합과세 대상에 포함되지 않을 수 있다.

실제 사례도 들어보자. 투자자 A는 코스피 지수를 추종하는 KODEX 레버리지 ETF를 통해 1년 동안 4,000만 원의 매매 차익을 거뒀지만 과표기준가가 적용되어 세금은 24만 원 발생했다. 그러므로 수익이 2,000만 원을 넘겨 금융소득 종합과세 대상이 되기 위해서 산술적으로 40억 원가량의 수익이 발생해야 한다. 네이버 블로그에 레버리지 ETF 종합과세라고 치면, 세금을 냈다고 하는 사람은 한 명도 찾아볼 수 없는 이유 또한 과표기준가로 금융소득 종합과세 여부가 결정되기 때문이다.

레버리지 ETF의 장단점

 2024년 시장은 AI 주도로 상승장이 펼쳐졌다. 엔비디아가 12배 이상 오르며 나스닥의 상승 랠리를 주도했다. 2배 수익을 추종하는 엔비디아 ETF인 NVDL, NVDX ETF 또한 큰 인기를 끌었다. 이후 트럼프 대통령이 당선되자 시장은 또 한 번 과열 구간에 진입했고 AI 열풍은 양자 컴퓨터 관련 섹터로 옮겨붙었다.

 양자 컴퓨터는 초고속 연산이 가능한 고기능 슈퍼컴퓨터로 수많은 경우의 수를 동시에 표현하고 연산 횟수를 줄여 최적의 답을 최단 시간에 찾아내는 기술이다. 2024년 미국은 AI와 양자 컴퓨터 분야를 국가 전략 사업으로 지정했고 UN이 2024년을 세계 양자 기술의 해로 규정하자 양자 컴퓨터 광풍이 불었다. 투자자들은 하락장에 진입한 국내 증시에서 탈출해 양자 컴퓨터 섹터로 몰려갔고 그중에서도 우리에게 친숙한 아이온큐(IONQ), 리게티컴퓨팅(RGTI)을 대표하는 3배 레버리지 ETF 상품에 뛰어들었다. 그러던 도중, 엔비디아의 CEO 젠슨 황(Jensen Huang)이 양자 컴퓨터가 세상을 바꿀 기술이기는 하지만 상용화되기까지 오랜 시간이 필요하다고 언급하자 양자 컴퓨터 섹터는 급락했다. 리게티컴퓨팅의 경우 40% 이상 폭락하며 이를 바탕으로 한 3배 레버리지 투자 상품은 상장폐지 처리됐다.

2022년 12월을 기점으로 인플레이션을 억제하기 위해 취했던 금리 인상 사이클이 마무리되자 나스닥은 고점에서 30% 정도 하락한 후에야 상승 사이클로 돌아섰다. 나스닥 지수를 추종하며 수익을 3배로 목표로 하는 TQQQ(나스닥 지수 3배 추종)의 경우 이전 고점인 91.68달러에서 17.3달러까지 하락한 후 2024년 12월 나스닥의 상승과 함께 이전 고점을 넘어서며 93.78달러까지 상승 후 조정 중이다. 같은 기간 나스닥은 10400포인트에서 고점인 20204포인트까지 2배 가량 상승했고 나스닥 3배를 추종하는 TQQQ ETF의 경우 5배 이상 상승했다.

레버리지 ETF의 경우 장점과 단점이 명확하다. 타이밍을 잘 맞춰 투자한다면 큰 수익을 안겨주지만 반대로 투자 타이밍이 어긋난다면 엄청난 손실도 발생하게 된다. 경제 공부가 병행되지 않고 내 자산을 제어하지 못한다면 끔찍한 도구로 작용할 수 있다. 레버리지 ETF의 장단점을 세세하게 분석해보자.

레버리지 ETF의 세 가지 장점

1. 효율적인 자본 활용으로 수익을 극대화할 수 있다.

ETF 투자가 마음 편하고 개별 주식보다 안전하지만 개별 주식의 수익률을 따라가지 못하는 단점 또한 존재한다. 2차전지 대장주인 에코프로와 2차전지 섹터 1배를 추종하는 KODEX 2차전지 ETF의 경우 수익률은 200% 가까이 차이가 난다. ETF 수익 또한 훌륭하지만 내심 수익률에서 아쉬움이 남을 수밖에 없다. 만약 레버리지 상품에 투자한다면, 이러한 수익률의 아쉬움을 채워줄 수 있다.

2. 다양하게 선택할 수 있다.

투자자들이 많이 실수하는 것 중 하나가 급등하는 테마가 나타나면 수익을 내기 위해 앞뒤 없이 뛰어들게 된다는 점이다. 하지만 냉정하게 보면 내가 가지고 있는 총 현금 보유 비중에서 발생하는 수익은 증시의 상승 흐름에 맞춰 수익에 대한 총량이 정해져 있다. 모든 주식을 다 살 수는 없는 노릇이다. ETF 투자는 이러한 단점을 어느 정도 보완해준다. 투자 기회가 온다면 투자 사이클에 맞춰 자산의 20%에서 30%만 상황에 맞춰 투자를 할 수 있다.

개별 주식은 수만 가지나 된다. 이 모든 주식을 살펴보고 급등하는 주식을 계속해서 쫓아다니는 오류를 반복할 수는 없다. ETF 투자는 종목의 묶음이라고 생각하면 쉽다. 마트에 가서 딸기와 바나나, 사과와 같이 개별 과일을 고를 수도 있지만, 여름에 나는 제철 과일을 먹고 싶다면 여름 제철 과일 묶음으로 된 과일 바구니를 사면 고민은 줄어들게 된다.

ETF 시장은 다양한 섹터로 분류되어 있고, 섹터 사이클에 맞춰 자산을 배분하면 내 총량의 한계를 넘어서는 투자를 할 수 있다. 현재 미국 증시는 버블 구간이다. 반대로 국내 증시는 하락 사이클에 돌입해 역사적 저점에 있다. 그렇다면 자산의 20%는 나스닥 2배 추종 ETF에 투자하고 나머지를 국내 레버리지 ETF, 1년 내내 급락한 2차전지 레버리지 ETF로 분할 매수해 다음 사이클을 준비해도 좋다.

달러 환율 또한 1,450원을 넘어 역사상 세 번째 높은 가격을 형성하고 있다. 이럴 때는 달러 ETF 투자도 고려해볼 수 있다. 다양하게 투자할 수 있는 ETF 시장에서 레버리지를 일으킨다면 수익을 극대화할 수 있다.

3. 개별 주식의 위험성을 회피할 수 있다.

국내 주식시장의 경우, 30년 동안 삼성전자가 경제 위기를 넘어서는 하락이 발생한 건 이번이 처음이다. 삼성전자의 위기는 어쩌면 예견된 순서였을지도 모른다. 반도체 시장의 변화는 어느 섹터보다 빠르게 이루어지며 조금만 판단이 늦어져도 한순간에 뒤처질 수 있기 때문이다. 삼성전자의 메모리 반도체를 소비했던 중국은 이제는 반도체를 저가로 직접 생산해내고 있다.

기술의 진보는 우리 생각보다 더 빠르게 진행되고 기술 혁신에 뒤처져 사라지는 기업 또한 수도 없이 많이 발생한다. 2024년 삼성전자가 5만 원까지 하락하자 투자자 중 80%는 손실 구간에 접어들었다. 하지만 ETF에 투자한다면 예측 가능한 범위에서 실패를 줄여나갈 수 있다. 삼성전자 하락에 영향을 받아 국내 증시도 크게 하락했다면 삼성전자에 투자하기보다 반도체 ETF에 투자하는 게 현명하지 않을까? 삼성전자가 무너지더라도 하이닉스같이 시대와 발맞춰 성장하는 기업이 있으므로 여전히 우상향 가능성이 크다.

레버리지 ETF의 네 가지 단점

1. 수익만큼 손실도 배가될 수 있다.

중요해서 자꾸 강조하게 된다. 자산을 2배로 레버리지하기 위해서는 경제 공부 또한 2배로 열심히 해야 한다. 부자들 또한 꾸준히 경제 공부를 통해 투자 적기를 기다려 사람들이 공포에 질려 투자를 망설일 때 과감히 레버리지를 일으켜 부를 일구어간다. 경제 공부가 되어 있지 않는 사람에게 레버리지 투자는 독과 같다.

예를 들어 어떤 사람이 12억 원짜리 부동산을 자산 6억 원과 대출 6억 원, 연 이자 3%에 매입했다고 해보자. 하지만 부동산을 매수했던 시기는 부동산 상승 시기였고, 인플레이션으로 인해 미국에서 금리를 인상하자 3%의 이자는 6%로 치솟았다. 엎친 데 덮친 격으로 위험 자산인 주식은 폭락했고 부동산 시장 또한 급락했다. 12억 원에 샀던 부동산은 6억 원으로 가라앉았고 이자와 원리금은 월 200만 원에서 400만 원으로 불어났다. 깡통 아파트가 탄생하는 원리다.

2. 높은 수수료를 조심해야 한다.

소액으로도 투자할 수 있는 접근성, 테마, 레버리지, 해외 지수 등 다양한 투자처, 낮은 관리 부담과 운용 비용 등이 대표적인 ETF

의 매력으로 꼽힌다. 다만 레버리지 ETF의 운용 비용에 대해서는 조금 더 신중히 접근할 필요가 있다. ETF 수수료(운용 보수) 0.1% 차이도 30년이면 632만 원이다. 여기에 엄연히 펀드로서 운용 보수를 받는다는 점이 결합하면 작은 차이가 미래에는 큰 격차로 나타나게 된다.

ETF는 매일 거래되는 특성상 운용 보수를 매일 받아가게 되는데 자산에서 매일 자동으로 차감된다. 만일 지수가 하루에 1% 오르더라도, 자산 가치는 하루치 운용 보수를 뺀 만큼 오르게 되는 원리다. 그래서 ETF 운용 보수는 장기적으로 수익률에 영향을 미치게 되고, 이 차이는 20년에서 30년쯤 되면 예상보다 클 수 있다. 코스피 지수를 추종하는 KODEX 코스피 ETF의 경우 수수료는 0.15%지만 2배를 추종하는 KODEX 레버리지 ETF의 경우 0.64%의 운용 보수가 발생하기 때문에 장기 투자 시 높은 수수료를 지급해야 한다.

3. 변동성이 큰 시장에서 장기 수익률 하락을 조심해야 한다.

1배 추종 상품과 2배 레버리지 상품에 10% 상승, 10% 하락이 네 번 반복될 경우 1배 추종 상품의 경우 상승 시 110, 하락 시 다시 제자리인 100으로 돌아오지만, 레버리지 상품의 경우 10% 상승 시 120이 되고 다시 10%로 하락한다면 끌립 현상에 의해 98에 도달하

레버리지 상품의 변동성 끌림 현상

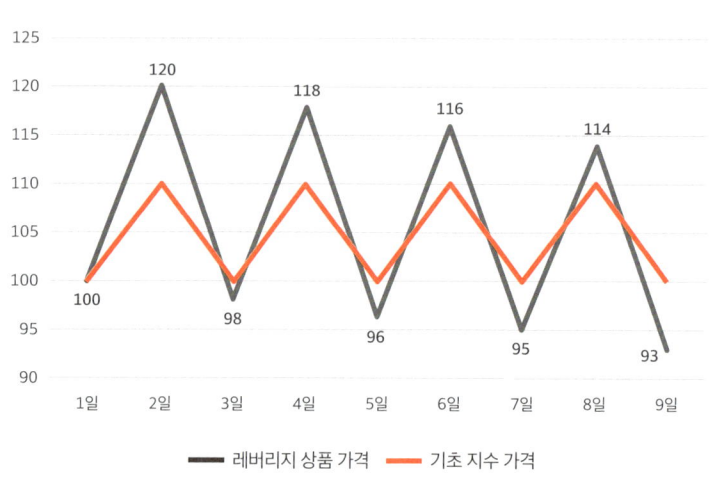

게 된다. 이를 네 번 반복한다면 처음보다 주가는 7% 하락하게 된다. 변동성이 큰 종목을 장기적으로 투자할 경우 끌림 현상으로 자산에 손실이 발생할 수 있다. 3배 추종 레버리지 ETF의 경우 변동성이 더욱 클 수밖에 없다.

4. 과도한 레버리지 사용은 주의해야 한다.

개별 주식 또한 마찬가지지만 미수나 신용매수 시 시장이 급변해 대응을 못하게 된다면 한순간에 자산이 0으로 수렴할 수 있다. 미국에서는 3배 상품까지 등장해 2배에서 3배가 수익이 나도록 추종한 상품들이 대거 출시되어 있고 거래량 또한 높다. 만약 ETF의 특성을 잘 모른 채, 레버리지 상품에 투자한다면 크게 손실을 볼 수 있으므로 자신의 실력을 파악해서 투자하길 권고한다. 특히 미국의 3배짜리 추종 상품 TQQQ(ProShares Ultrapro QQQ)나 나스닥 3배 추종 ETF는 30% 상승 시 90%의 수익이 발생하지만 반대로 지수가 30% 하락할 경우 90%의 손실이 발생할 수 있다. 지수가 33% 이상 하락하면 자본금은 0에 수렴할 수 있다.

레버리지 성공 및 실패 사례

레버리지 성공 사례	레버리지 실패 사례
1. 사이클 투자로 상승장에서 수익	1. 버블 구간에서 레버리지 사용
2. 정확한 시장 분석	2. 하락장 진입 시 손절매 타이밍 놓침
3. 철저한 위험 관리(적절한 손절매)	3. 장기 보유로 수익률 약화
4. 시장 변동성 예측	4. 높은 변동성 대응 실패
5. 목표 수익률 추구 후, 매도해 수익	5. 과도한 레버리지 사용

아이와 함께하는 ETF 투자

현재 아이를 키우는 부모라면 앞으로 아이가 헤쳐나가야 할 세상이 얼마나 고단한지 몸소 체험하며 살아왔을 것이다. 요즘은 초등학교에 들어가기 전부터 영어 유치원에 보내고 좋은 학군으로 이사가 한 발짝이라도 앞서기 위해 노력한다. 잘 먹고 잘 살기 위해서는 학교에서 가르치고 있는 교육으로만으로는 부족하다. 특히 금융을 모르면 점점 가난해질 수밖에 없다.

아이에게 들어오는 용돈을 모으면 한 해에 100만 원이 넘을 수도 있다. 만약 부모가 금융에 대해 무관심하다면 아이들에게 들어오는 용돈을 그대로 통장에 넣어두는 실수를 범하게 된다. 그렇게 무심코 쌓인 용돈이 10년이라면 1,000만 원이 된다. 하지만 아이의 귀중한 용돈을 그대로 내버려두는 건 인플레이션에 그대로 노출하는 것과 마찬가지다. 20년 동안 아이의 용돈을 열심히 모아 2,000만 원을 대학에 들어가기 전에 증여했다 하더라도 그 세월 동안 아이의 돈의 가치는 인플레이션으로 인해 70%가량 증발해버리게 된다. 그렇다면 아이의 용돈 관리, 증여는 어떻게 해야 효율적일까? 그에 대한 해답은 동반 성장에 있다.

답은 간단하다. 부모가 먼저 공부를 하면 된다. 부모가 책과 친해지고 집안 곳곳에 책을 배치해야 한다. 나는 책을 읽고 글을 쓸 때 거실에서 키보드를 두드린다. 키즈카페에 가더라도 눈에 잘 띄는 곳에 앉아 책을 읽고 글을 쓴다. 아이는 그러한 모습을 보고 자연스럽게 배우게 된다.

금융 분야에서는 어떨까? 부모가 금융과 먼저 친해져야 한다. 아이가 커가는 동안 꾸준히 금융 관련 정보를 나눠야 한다. 나는 아이의 용돈을 투자하며 이 돈으로 초콜릿 회사와 인형 회사를 산다고 이야기해줬다. 시간이 지나자, 아이는 스스로 '5층짜리 건물을 지어 1층에는 초콜릿 회사, 2층에는 사탕 회사, 5층에는 아이스크림 회사를 만들겠다'고 선언했다. 아이는 상상으로라도 기업가가 된 것이다.

어려서부터 금융 교육을 하는 데에는 두 가지 목적이 있다. 인플레이션에서 아이의 용돈을 지키기 위함이고, 아이가 커가면서 자본을 아는 것이 중요하다고 가르치기 위해서다. 돈이 많아서 증여하는 게 아니다. 작은 종잣돈이 복리 효과로 불어나는 과정을 함께 한다는 것만으로도 자연스럽게 금융과 친해지는 효과를 볼 수 있다. 아이 스스로 하나의 파이프라인보다는 두 개, 세 개를 가지고 살아갈 때 세상을 더 여유롭고 주체적으로 살아갈 수 있다는 걸 알았으면 하는 바람을 담아 가르친다.

제2의 소득 파이프라인 만들어주기

현재 아이의 용돈은 두 가지 구조로 투자하고 있다. 아이가 성인이 되었을 때 제2의 소득이 나오는 구조를 만들어주기 위해서 **고배당 ETF와 지수 ETF를 반씩 매입**한다. 아이가 커갈 시간만큼 안전하게 투자할 수 있는 상품을 골라야 한다.

국내에 상장된 ETF 중 'PLUS 고배당주 ETF'를 살펴보자. 이 ETF는 2024년 8% 배당금을 지급했고 매년 5% 넘는 배당금을 지급하고 있다. 이는 월 배당 상품으로 배당이 나오는데 이를 재투자할 경우 수익이 복리로 붙게 된다. PLUS 고배당주 ETF는 우리은행, 신한은행 등 금융 관련주로 이루어져 있어 안전성이 보장된다. 만약 은행에 문제가 생기더라도 포트폴리오 교체를 통해 위험을 제거하므로 아이가 커가는 동안 안전하게 배당을 받을 수 있다. 나머지 반은 해외 지수 ETF에 투자한다. 지수 ETF 데이터를 살펴보면 꾸준히 우상향해왔다. 아이가 커가면서 위기는 수시로 일어나겠지만 시기와 상관없이 매입한다면 결국 자산은 상승하게 된다. 한쪽은 배당금을 받아 꾸준히 재투자하고, 다른 한쪽은 자산을 상승시키는 전략을 짤 수 있다.

　내 경우 증시가 과열되면, 원금의 반을 매도해 현금화해둔 후, 주가가 하락할 때 배당금 ETF로 넘어간다. 만약 사이클 투자가 어렵다면, 꾸준히 모아가는 전략을 쓰면 된다. 이렇게 투 트랙 전략을 가지고 아이의 자산을 관리하게 되면 아이가 성인이 되었을 때 제2의 소득 파이프라인이 만들어지게 된다. 제2의 소득 파이프라인을 한번 구축해놓으면 아이는 평생 월급을 확보하게 되고 자신의 꿈을 찾는 과정에서 전전긍긍하지 않고 도전하며 살아갈 수 있다. 우리 아이의 ETF는 이런 식으로 구성한다. 참고로 살펴보면 좋겠다.

아이의 미래 투자 ETF

기초자산	상품명	배당률	비율
주식	PLUS 고배당주 ETF	8.6%	50%
지수	SCHD ETF	3.7%	50%

1. 배당과 자산 상승을 동시에 노리는 투 트랙 전략을 사용한다.
2. PLUS 고배당주 ETF(배당금 8%), SCHD(배당금 3.7%)로 구성

해 아이가 커가도 배당금으로 매년 돈이 들어오는 구조를 만들어 준다.

3. 2,000만 원 이상은 금융소득 종합과세 대상이 되기 때문에 배당금은 연간 2,000만 원 이하로 설정한다. 주식과 배당금으로 자녀의 자산을 복리로 불려나간다.

증여세도 효율적으로 관리해보자

자녀 증여세 합산 기간은 10년 단위로 산정된다. 10년 동안 입금해준 금액이 2,000만 원 이하일 경우 증여세가 부과되지 않으나, 홈택스 증여 신고는 해야 한다.

미성년자 자녀의 비과세 구간

미성년자 자녀의 증여세 비과세 구간	
	비과세 한도
0세 ~ 10세	2,000만 원
11세 ~ 20세	2,000만 원
총 4,000만 원	

성인이 된 자녀의 비과세 구간

성인 자녀의 증여세 비과세 구간	
	비과세 한도
21세 ~ 30세	5,000만 원
31세 ~ 40세	5,000만 원
총 1억 원	

* 성인이 되면 1억 원까지는 증여가 가능하며, 결혼 시에는 1억 5,000만 원이 추가로 가능하다.

증여세 세율(신고하지 않을 경우)

증여세 세율은 과세표준(증여한 재산의 가액)을 기준으로 10%에서 최대 50%까지 초과 누진세율 구조로 되어 있다.

과세표준 구간

과세표준	세율	누진 공제
1억 원 이하	10%	-
1억 원 초과 5억 원 이하	20%	1,000만 원
5억 원 초과 10억 원 이하	30%	6,000만 원
10억 원 이하 30억 원 이하	40%	1억 6,000만 원
30억 원 초과	50%	4억 6,000만 원

증여세 신고 기한

증여세 신고 대상자는 증여받은 날이 속한 달의 말일부터 3개월 이내에 증여세 신고를 해야 한다. 예를 들어 9월 6일 증여를 받았다면, 9월 30일을 기준으로 3개월 이내인 12월 31일까지 증여세 신고를 해야 한다. 단, 3개월째 되는 날의 말일이 토요일이나 주말, 공휴일이면 평일이 되는 날까지 신고하면 된다.

증여세 신고 방법

증여세를 신고하는 방법은 다음과 같다. 홈택스에서 순서대로 따라하면 된다.

1. 신고서 선택 및 작성

① 홈택스 홈페이지 메인 화면에서 [세금 신고] 메뉴를 선택한다.

② [신고서 선택] 화면에서 [증여세 신고]를 선택한다.

③ 증여세 신고서 양식을 선택한다(일반 증여세, 부동산 증여세 등).

④ 신고서 기입 화면에서 증여자, 수증자, 증여 재산, 증여 금액 정보를 기입한다.

2. 증명서 첨부

증여세 신고 시에는 증여 재산의 소유권 증명서(부동산 증여세의 경우) 또는 증여 금액 지급 명세서(금전 증여세의 경우) 등의 증명서를 제출해야 한다.

① 신고서 기입 화면에서 [증명서 첨부] 버튼을 클릭한다.

② 증명서 이미지 파일을 선택한 뒤 업로드한다.

③ 업로드된 증명서가 확인되면 확인 버튼을 클릭해 증명서 첨부를 완료한다.

3. 신고 완료

신고서 작성과 증명서 첨부가 완료되면 신고를 완료한다.

① 신고서 기입 화면에서 [신고 완료] 버튼을 클릭한다.

② 신고 확인 화면에서 내용을 확인하고 정정할 사항이 없으면 확인 버튼을 클릭한다.

③ 신고 완료 화면에서 증여세 신고서 확인번호를 볼 수 있다.

증여 관련 Q&A

Q1.

**미성년자인 자녀 명의로 주식 계좌를 개설해
2,000만 원을 입금하고
부모인 제가 직접 주식 투자를 하게 되면
증여세는 안 내도 되는 건가요?**

A. 미성년 자녀에게 비과세 한도(10년 내 2,000만 원) 내에서 주식을 증여한 뒤 몇 년 후 자연스레 자산 가치가 늘어났다면 증여세를 내지 않아도 된다. 하지만 부모가 자녀 주식 계좌를 적극적으로 운용해 자녀 계좌의 자산이 급격히 불어났을 경우 추가로 증여세를 내야 할 수 있다. 따라서 자주 사고팔기보다는 고배당 ETF나 지수 ETF에 투자하는 것을 권한다.

> **Q2.**
> **아이 용돈과 목돈은 어떻게 증여해야 하나요?**

A. 명절이나, 생일, 특별한 날에 친척들에게서 들어오는 용돈은 따로 증여세 신고를 하지 않아도 된다. 금액이 많지 않기 때문이다. 대신 입금할 때 '할아버지 설 용돈', '할머니 아이 생일 용돈' 등으로 출처를 표기한다면 문제되지 않는다. 단, 부모가 물려주는 목돈(증여)의 경우 홈택스에 신고해야 한다.

3장

무조건 수익 내는 국내 레버리지 ETF TOP 6

LEVERAGE

들어가며

국내 증시 거래량 상위 열 개 종목을 살펴보면 세 종목이 지수 레버리지 ETF다. 대표적인 레버리지 ETF로는 코스피 지수를 배수로 추종하는 **KODEX 레버리지 ETF**, 코스닥 지수를 배수로 추종하는 **KODEX 코스닥 150 레버리지 ETF**, 시장의 변동성으로 인해 코스피 지수의 하락을 배수로 추종하는 **KODEX 200 선물 인버스 2X ETF**가 큰 인기를 얻고 있다.

레버리지 ETF 시장 규모는 5조 7,357억 원 규모로 전년 말 대비 21.4% 증가했다. 그중 국내 투자형 레버리지 ETF 규모는 4조 4,674억 원이며, 해외 투자형 레버리지 ETF는 1조 2,682억 원 규모다. 상품 수 역시 48개로 늘었다.

국내 투자형 레버리지 ETF의 경우 배터리 관련 ETF에서 순자산 규모가 증가했다. 대표적 2차전지 레버리지인 **KODEX 2차전지 산업 레버리지 ETF**의 경우 2,124억 원으로 2024년 말보다 자산 규모가 110% 증가했고 **TIGER 2차전지 TOP 10 레버리지 ETF**의 경우도 138.6% 증가했다.

삼성자산운용은 최근 KRX(한국거래소) 반도체 지수 일별 수익률 2배를 추종하는 ETF를 선보였다. 과거 반도체 레버리지 ETF의 경우 레버리지 상품이 없었지만, 반도체 시장이 꾸준히 성장할 것으로 예측되자 반도체 레버리지 ETF도 출시됐다. 강달러 상황에서 투자할 수 있는 **KODEX 미국 달러 선물 레버리지 2X**, **KODEX 미국 달러 선물 인버스 2X** 상품도 관심 있게 지켜볼 만하다.

여기서는 거래량이 적은 레버리지 ETF는 과감히 빼고 거래량이 활발하고, 성장 가능성이 큰 레버리지 ETF를 뽑았다. 추가로 국내 맞춤형 실전 레버리지 ETF 상품도 소개하고자 한다.

시장은 살아 있는 유기체처럼 움직이고 저무는 섹터가 있다면 성장하는 섹터가 나타난다. 상승 사이클이 끝나면 하락 사이클이 반드시 찾아오며 사이클 흐름을 읽어 상승장에는 레버리지에 투자하고 하락장에서는 인버스 ETF에 투자한다면 투자 성공 확률을 높일 수 있다.

상황에 맞춰 자산을 분배해 다양한 상황에서 365일 수익을 낼 수 있는 투자법이 ETF만의 매력이다. 워런 버핏은 '투자는 인내심이 없는 자의 돈을 인내심이 있는 자에게 옮기는 도구'라고 이야기했다. 투자에 성공하기 위해서는 인내심이 매우 중요하다. 시장은 조급하지 않다. 조급한 건 내 마음이다. 때문에 기회가 왔을 때 투자할 수 있는 현금과 절호의 기회가 올 때까지 참아낼 줄 아는 인내력을 길러 나간다면, 다양한 상황에서 수익 구조를 만들어낼 수 있다. 지금부터 레버리지 ETF 대표 상품을 알아보자.

잃지 않는 세븐 스플릿 투자
KODEX 코스닥 150 레버리지 ETF

스플릿인베스트 대표이자 작가로 활동하는 박성현은 100억 원대 자산가로도 유명하다. 그가 달러 투자에는 '세븐 스플릿' 기법이 적절하다 제시하면서, 이를 한 번도 잃어본 적이 없는 투자법이라 소개했다. 경제 위기가 발생하면 안전자산 선호 현상으로 인해 강달러 현상이 발생한다. 반대로 주식시장이 장기간 상승을 지속한다면 위험자산인 주식은 상승하고 안전자산인 달러는 하락했다.

보통 달러는 저점 800원, 고점 1,500원을 오르내렸으나 근래 강세를 보이며 1,120원의 평균 가격에서 오르내리기를 반복하고 있다. 따라서 1,120원을 기준으로 가격이 내려갈 때마다 7번에 나눠 매수하는 방식을 세븐 스플릿이라고 한다. 계좌를 7개로 나누어 1,120원을 기준으로 3% 하락 시 매매일지를 작성한 후 자산을 7분

원·달러 환율

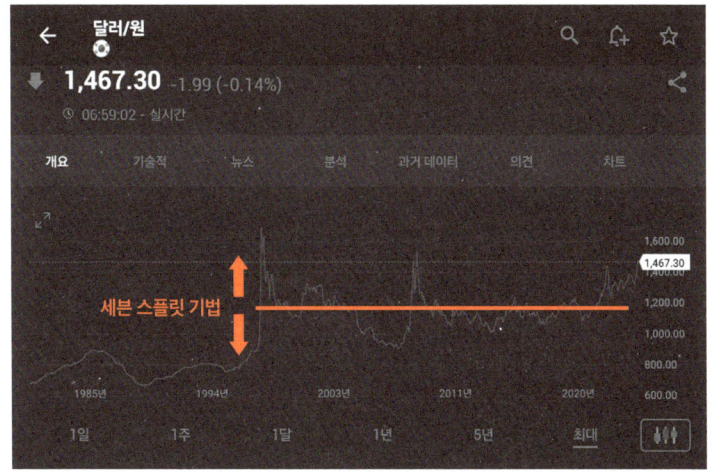

출처: investing.com

할해 나눠 매수하는 투자법이다. 세븐 스플릿 투자법은 범위가 예측 가능할 때 투자하는 방법이다. 자산의 저점을 정확하게 예측할 수 없기 때문에 스트레스 받지 않고 기계적으로 중간값을 기준으로 분할 매수 및 분할 매도하는 투자법이다.

계좌를 분리해 운영해야 한다

원하는 가격대에 도달했지만, 달러가 추가 하락할 경우를 대비해 계좌를 나눠 매수한다면, 자산이 다시 상승할 경우 평단가에 도달하는 데 걸리는 피로도를 줄일 수 있다. 원하는 가격대에 도달해 매집했지만, 자산이 추가로 하락하는 경우도 비일비재하다. 자산이 상승 사이클에 접어들었다 해도 자신이 매입한 평단가에 도달하지 않는다면 마이너스 계좌를 보면서 정신적으로 상당한 고통을 받을 수 있다. 하지만 세븐 스플릿 기법은 기준을 정한 뒤 가격이 내려가면 나눠 매수하기 때문에 마지막 7번째 계좌에서 하락을 마무리하고 상승 사이클이 진행된다면 즉시 수익이 발생하기 때문에 안정적으로 운영할 수 있다.

여행 도중 우연히 50대 남성과 대화를 나눈 적이 있었다. 파이어족으로 살고 있다는 그는 40대에 파이어족이 될 수 있었던 이유를 설명해주었다. 그는 ETF 초창기 때부터 KODEX 코스닥 150 레버리지 ETF에 투자해왔다고 했다. KODEX 코스닥 150 레버리지 ETF의 차트를 확인하자 왜 수익이 날 수밖에 없었는지 단번에 이해할 수 있었다. 달러와 마찬가지로 KODEX 코스닥 150 레버리지 ETF는 일정한 범위를 기준으로 오르내렸기 때문이다. 세븐 스플릿 투자 기법과 유사한 투자 방식이었다. KODEX 코스닥 150 레버리지 ETF를 분석해보고 세븐 스플릿 방식을 어떻게 적용할 수 있는지 시뮬레이션해보자.

KODEX 코스닥 150 레버리지 ETF

KODEX 코스닥 150 레버리지 ETF는 코스닥 150 지수를 기초지수로 1좌당 순자산 가치의 일간 변동률을 2배로 연동하도록 한다. 이는 코스닥 상장 종목 중 유동성, 업종 분포 등을 고려해 선정한 150개 종목을 바탕으로, 개별 종목의 유동주식 수를 고려한 유동 시가총액 가중 방식으로 산출한 지수다. KODEX 코스닥 150 레버리지 ETF는 2015년에 상장되어 10년간 안정적으로 운영되고 있으며 코스닥 150 레버리지 ETF 상품 중 거래량이 가장 활발하다.

ETF 투자 시 고려 사항 중 상품이 오랜 기간 안정적으로 운영되

KODEX 코스닥 150 레버리지 ETF 기본 정보

KODEX 코스닥 150 레버리지 ETF	
운용사	삼성자산운용
상장일	2015년 12월 17일
기초자산	주식
기초 지수	KOSDAQ 150
시가총액	18,498억 원
순자산	18,297억 원
구성 종목 수	161종목
레버리지	2배

고 있는지, 거래량이 활발히 이루어져 사고파는 데 문제가 없는지 확인하는 것도 중요하다. 국내 ETF의 경우 미국처럼 활발히 거래되지 않는 상품들이 대부분이기 때문에 자칫 거래량이 없는 ETF에 투자할 경우 매도 시 호가 간의 갭 차이로 인해 손실을 보는 경우도 있기 때문이다.

KODEX 코스닥 150 레버리지 ETF 구성 종목

KODEX 코스닥 150 레버리지 ETF는 코스닥 161개 종목을 포함해 지수를 2배로 연동해 수익을 추구하는 지수 ETF다. 코스닥은 성장 가능성이 큰 종목군으로 분류되며 미래의 기대감으로 움직이기 때문에 지수 전체의 주가수익비율(PER)은 높은 편이다. 국내 거래량 순위 종목 중 KODEX 코스닥 150 레버리지 ETF는 상위권에 늘 올라가 있다.

지수 ETF에 투자하는 이유는 상장폐지 걱정이 없기 때문이다. 코스닥은 미래 성장을 기대하며 상장된 기업이 대부분이기 때문에 적자 기업이 상당히 분포되어 있다. 코스닥에 상장해 공격적으로 뛰어들었지만, 시장에서 살아남지 못하면 만년 적자 기업으로 쇠락하게 된다.

KODEX 코스닥 150 레버리지 ETF 구성 종목

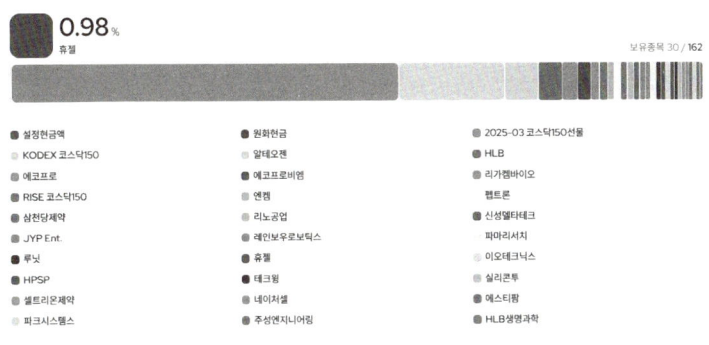

출처: 삼성증권

그러나 코스닥 150 레버리지 ETF를 운영하는 삼성자산운용에서 문제가 있는 기업을 퇴출하고 다른 종목으로 편입하기 때문에 상장폐지 위험에서 벗어날 수 있다.

세븐 스플릿 투자로 잃지 않는 투자 비법

KODEX 코스닥 150 레버리지 투자는 역발상 투자법이다. 보통 코스닥을 떠올리면 상장폐지, 적자 기업, 장기간 박스권에 갇혀 성장하지 못하는 회사들의 집합체로 생각한다. 나 또한 과거에는 위험하다는 이유로 코스닥에 편입된 개별 주식이나 코스닥 ETF는

KODEX 코스닥 150 레버리지 ETF

출처: 키움증권 HTS

포트폴리오 편입 고려 대상이 아니었다. 하지만 여행지에서 만난 투자자의 성공 투자 비법을 듣고 오히려 역발상 투자가 가능하다는 걸 알 수 있었다.

KODEX 코스닥 150 레버리지 ETF 투자가 왜 역발상 투자인지 알아보자. 코스닥은 장기간 박스권에 갇혀 일정 범위를 오르내렸는데 세 가지 이유가 있었다.

첫째, 세계 경제가 상승 사이클과 하락 사이클을 반복하며 오르내린다.

둘째, 코스닥에는 테마성 종목들이 존재하는데 테마 광풍이 불면 상승하게 된다(2차전지, 제약 및 바이오 버블).

셋째, 코스닥 내에서 대형주가 탄생할 경우, 즉 셀트리온과 같이 시가총액이 급증하며 성장하는 기업이 나오는데 성장 이후 코스피로 이동하는 경우가 발생한다.

세븐 스플릿 투자 기법

세븐 스플릿 투자 기법은 투자에 자신이 없거나 투자 경력이 적은 투자자에게 추천한다. 코스닥은 앞서 언급한 세 가지 변수로 인해 상단 1만 6,000원, 하단 6,000원을 오르내린다. 평균값을 1만 원으로 설정해보자. 7개의 계좌를 만들어 1만 원을 기준으로 자신이 설정한 가격에 도달하면 분할 매수해보자. 여기서는 1만 원을 기준으로 설정했지만 사람에 따라 9,000원으로 설정할 수도 있고 1만 1,000원으로 설정해도 좋다. 계좌를 추가로 늘려 세분화해도 되고 두 개의 계좌로 KODEX 코스닥 150 ETF와 비슷한 상품을 앞서 설정한 가격을 기준으로 매수해도 좋다.

분할매수	
No. 1	10,000원
No. 2	9,500원
No. 3	8,800원
No. 4	8,100원
No. 5	7,400원
No. 6	6,700원
No. 7	6,000원

분할매도	
No. 1	11,000원
No. 2	11,800원
No. 3	12,600원
No. 4	13,400원
No. 5	14,200원
No. 6	15,000원
No. 7	16,000원

예를 들어, 삼성자산운용에서 운영하는 KODEX 코스닥 150 레버리지 ETF를 기준으로 분할 매수 가격을 설정한다. No.3 지점인 8,800원에 도달하면, 미래에셋에서 운영하는 TIGER 코스닥 150 레버리지 ETF를 No.3에 지정하는 방법이다.

계좌를 여러 개로 쪼개 나눠 관리하기 힘들다면 운용사가 다른 같은 상품을 매수해도 좋다. 단, 각각의 상품 가격이 조금씩 차이가 나기 때문에 KODEX 코스닥 150 레버리지 ETF를 기준으로 설정하는 것이 효과적이다. 대표 상품은 다음과 같다.

대표적인 코스닥 150 레버리지 ETF

기초자산	상품명	총보수	순자산총액	거래량
지수	KODEX 코스닥 150 레버리지	0.64%	18,297억 원	3,224만 주
지수	TIGER 코스닥 150 레버리지	0.32%	589억 원	45만 주
지수	RISE 코스닥 150 레버리지	0.60%	711억 원	3만 주

출처: ETF 체크

차트는 월봉으로 확인해보자. 월봉으로 확인해야 정확한 투자 기준을 설정할 수 있다.

저점에서 두 배씩 레버리지하라
KODEX 레버리지 ETF

　미국 금리 인상으로 인한 하락장 직전, 주식시장은 코로나19로 인한 미국의 양적 완화와 제로 금리에 가까운 저금리 정책으로 유동성이 넘쳐흘렀다. 이는 전 세계 증시의 버블을 만들어냈고 국내 주식시장은 처음으로 3000포인트를 넘어섰다. 그때 나는 버블이 끼었다고 판단해 자산을 모두 현금화하고 하락장에 대비했다. 결국 증시는 고점에서 5개월간 횡보한 후 미국 증시와 함께 1년 동안 긴 하락장에 진입했다. 그러다 2023년 1월 코스피의 낮은 BPR(Balance Price Range, 주가순자산비율)과 KODEX 레버리지가 월봉 120일선에 도달한 것을 확인한 후, KODEX 레버리지 ETF를 매수했다.

　당시 KODEX 레버리지 ETF에 투자했던 이유는 지수 ETF만의 안정감 때문이었다. 지수는 주식시장이 하락장에 진입하더라도 하단이 일정 부분 정해져 있으므로 원하는 가격에 도달하면 분할 매수 전략을 취하고 다음 상승 사이클에서 수익을 취하는 전략을 세웠다. KODEX 레버리지 투자로 수익을 극대화하기 위해서는 두 가지 조건을 확인해야 한다.

BPR 지표를 꼭 확인하자

BPR이란 주가순자산비율이다. 주당순자산가치를 주가로 나눈 값으로 장부상 순자산, 곧 회사가 영업활동을 중단하고 청산하는 경우에 주주가 회수할 수 있는 자산의 가치를 말한다. BPR은 기업의 현재 재무상태에서 영업을 종료했을 때 주주들이 받을 수 있는 금액과 현재 기업 주식 한 주의 구매 가격을 비교한 것인데 낮은 BPR 수치를 가진 기업 중에는 기업의 잠재력 대비 시장에서 좋은 평가를 받지 못한 것이며, BPR이 높다면 기업의 성장에 대한 기대감이 반영된 것으로 해석한다. 대표적 BPR 기업 중에는 기업은행도 포함되어 있는데, 기업은행의 BPR은 2024년 10월 기준 0.36이었다. 지금 당장 기업을 매수해 팔아도 자산 가치 이하로 주가가 형성되어 있으므로 기업을 인수하는 투자자로서는 남는 장사라고 말

할 수 있다. 국가통계포털(kosis.kr)에서 코스피 주가순자산비율을 확인할 수 있다.

KODEX 레버리지 ETF

KODEX 레버리지 ETF는 코스피 지수를 2배로 추종하는 상품이다. 코스피 BPR 기준은 0.9로 내려갔을 때를 1차 저점이라 할 수 있다. BPR 0.8 부근에서라면 분할 매수 전략도 고려해볼 만하다. 저점을 100% 예측하는 건 불가능하기 때문에 일시적 손실은 감수하더라도 원하는 가격에 도달하면 분할 매수할 수 있는 투자 기준을 설정해보자.

BPR이 1 미만이면 청산가치 이하

2008년 금융위기	0.78
2019년 미중 무역전쟁	0.80
2020년 코로나19	0.59
2022년 금리 인상	0.84
2024년 국내 경기 침체	0.84

* BPR은 기업의 순자산 가치 대비 주가를 나타낸 비율이다. BPR이 1 이하라는 의미는 기업이 가진 순자산이 주식의 시가총액보다 낮다는 의미이며, 주주로서는 기업을 청산해서 순자산을 나눠 가지면 보유한 주식의 액면가보다 더 높은 금액을 받을 수 있다는 뜻이다.

KODEX 레버리지 ETF

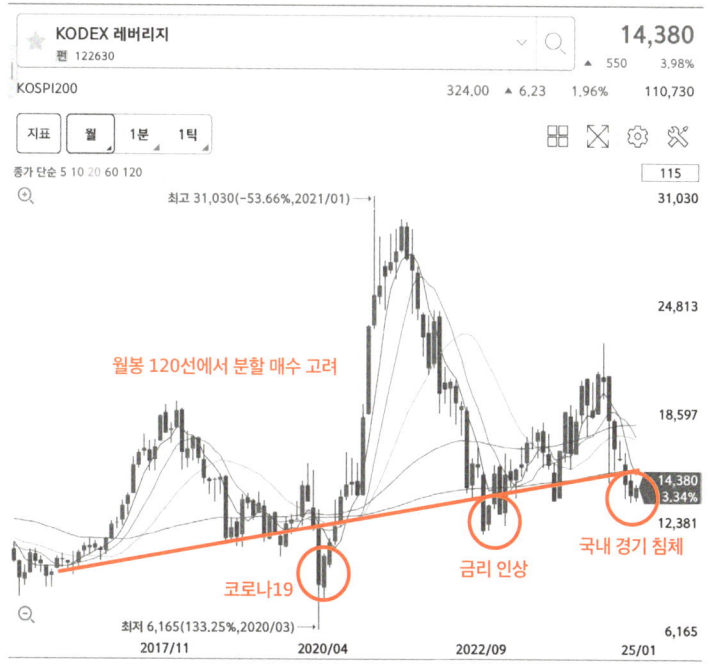

출처: 키움증권 HTS

    KODEX 레버리지 ETF의 10년 차트를 확인해보면 월봉 기준으로 120선이 코스피 기준 BPR 0.8 부근과 일치한다. KODEX 레버리지 ETF 투자로 성공하기 위해서는 월봉 120선에 근접했을 때 분할 매수를 고려해보자. 첫 번째 표시된 지점이 코로나19, 두 번째는 금리 인상으로 인한 하락장이었다. 세 번째가 국내 경기 침체 시점이다. 최근 사람들은 버블 구간인 미국 증시에 뛰어늘고 있다. 반대로 국내 증시가 역사적으로 저 BPR 구간이라면 국내 주식에서 오히려 기회를 엿볼 수 있다. 저 BPR 구간에서 매수했다면 다음 상승 사이클에 수익을 안겨주었을 것이다.

코스피 지수를 2배로 추종하는 레버리지 ETF에 투자하는 이유는 1배짜리 지수 ETF로는 수익이 좀 아쉽기 때문이다. 만약 저 BPR 구간처럼 예측이 가능하다면 지수 레버리지 ETF 투자도 답이 될 수 있다. KODEX 레버리지 ETF는 투자 경험이 적고 안정을 추구하는 투자자들에게 추천한다.

KODEX 레버리지 ETF는 1좌당 순자산 가치의 일간 변동률을 KOSPI 200 지수 일간 변동률 양의 2배와 유사하도록 운용하는 것

KODEX 레버리지 ETF 기본 정보

KODEX 레버리지 ETF	
운용사	삼성자산운용
상장일	2010년 2월 22일
기초자산	주식
기초 지수	KOSPI 200
시가총액	24,051억 원
순자산	23,831억 원
구성 종목 수	210종목
레버리지	2배

을 목표로 한다. KOSPI 200을 기초로 하는 ETF와 KOSPI 200 주가지수 선물을 혼용해 운용한다. KODEX 레버리지 ETF는 지수 최종 레버리지 ETF 중 시가총액과 거래량이 가장 많은 종목이며 2010년도에 개설돼 장기간 삼성자산운용에서 운용하고 있다.

출처: 삼성증권

대표적인 코스피 레버리지 ETF

기초자산	상품명	총보수	순자산총액	거래량
지수	KODEX 레버리지	0.64%	23,831억 원	1,918만 주
지수	TIGER 레버리지	0.02%	440억 원	8만 주
지수	ACE 레버리지	0.30%	76억 원	1만 주

출처: ETF 체크

삼성전자보다 반도체 레버리지
KODEX 반도체 레버리지 ETF

　동료들이나 지인들의 주식 투자 포트폴리오를 살펴보면 대부분 삼성전자가 들어 있다. 대한민국 전체로 보아도 1,100만 명 투자자 중 450만 명이 삼성전자에 투자하고 있다. 사람들은 투자에 성공하고 싶지만, 평소에 잘 알고 있는 안전한 투자처에서 수익을 내고 싶어한다. 그런데 2024년 삼성전자 주가가 크게 폭락하자 계속 삼성전자에 투자해도 좋은지 묻는 분들이 많아졌다. 삼성전자 주가는 이전 하락장의 저점이었던 5만 1,200원을 하향 돌파했고, 삼성전자에 투자한 450만 명 중 80% 이상은 손실 구간에 들어섰다.

　삼성전자는 은행의 이자만큼 안전하게 믿고 투자할 수 있는 기업이라는 인식이 있어 위기 상황에 투자한다면 다음 상승 사이클에 수익을 거둔다는 믿음이 깔려 있다. 하지만 이번 하락 사이클에서 삼성전자의 단기 폭락은 유례를 찾아볼 수 없을 만큼 큰 충격이었다. 엔비디아와 TSMC에 반도체 기술에서 밀렸고 중국의 반도체 저가 공세에 치인 것으로 판단된다. 진퇴양난의 상황에서 사람들이 불안해하는 이유는 미래가 불투명하기 때문이다.

《ETF 사용설명서》에서도 삼성전자보다는 반도체 ETF가 더 나은 선택이라고 언급한 적이 있다. 삼성전자가 속해 있는 반도체 ETF가 투자 대안이 될 수 있다. 바닥 지점을 찾아낸 뒤, 분할 매수를 통해 저가에 반도체 레버리지 ETF를 모아간다면 자산을 레버리지할 수 있다.

필라델피아 반도체 지수

필라델피아 반도체 지수는 미국 내 증권거래소에 상장된 반도체 관련 기업 30곳을 시가총액 방식으로 묶은 지수다. 지수 티커는 SOX로 표기한다. 첨단 산업을 대표하는 지수로도 자주 쓰이지만, 전 세계적으로 중요도가 커지는 분야이기 때문에 시장 선행성을 대표하는 지수로도 활용된다. 옥스퍼드 경제연구소(Oxford Economics)에 따르면, 필라델피아 반도체 지수가 시장보다 3개월 정도 선행한다는 연구 결과도 있다. 나는 투자 역사가 긴 미국에서 반도체 기업을 추종하는 필라델피아 반도체 지수를 레버리지와 비교한다면 반도체 ETF 투자의 방향성이 나오리라 생각했다. 다음은 2021년까지의 필라델피아 반도체 지수와 레버리지를 비교한 것이다. 데이터를 살펴보면, 1배보다는 2배를 추종했을 때 자산 복리 효과를 누리면서 수익률 차이를 보였다.

투자자들이 삼성전자에 투자하는 이유는 반도체 산업의 성장성을 믿기 때문이다. 만약 삼성전자에 투자하고 싶지만, 불안하다면

필라델피아 반도체 지수 1배 투자와 레버리지 투자

출처: 미래에셋자산운용

삼성전자가 포함된 **KODEX 반도체 레버리지 ETF**가 대안이 될 수 있다.

ETF의 장점은 한 개의 기업이 도태되어도 ETF를 운용하는 회사에서 포트폴리오를 수시로 교체하기 때문에 개별 기업에 투자하는 위험에서 벗어날 수 있다. 개별 기업의 위험에서 벗어났다면, 한 가지만 확인해서 투자하면 된다. 바로 성장성이 있는가를 따져보면 된다.

《주식투자는 사이클이다》에서도 미래 성장은 나스닥 시장에 있다고 언급했다. AI, 자율주행, AR 글라스, 로봇, 블록체인, 메타버스, 양자 컴퓨터를 대변하는 나스닥은 앞으로 다우지수도 뛰어넘을 수 있다. 예전에는 인터넷, 전기자동차 등 상승 사이클을 이끌어 나갈 때 나타난 기업들은 기술주 혁신이었다. 하지만 AI 사이클은 다르다. AI를 구동하는 고성능 반도체를 중심으로 기술주 기업들은 상호 융합돼 성장해간다. 과거에는 개별 기업이 잘나갔다면, 이제는 함께 발전하는 생태계를 형성해가고 있다. 그러는 과정에서 시가총액이 3억 달러 넘는 기업만도 세 곳이 탄생했다. 바로 애플, 마이크로소프트, 엔비디아다. 이제 애플은 꿈의 숫자인 시가총액 4억 달러에 도전하고 있다. 이러한 초거대 기술 기업들은 모두 반도체를 대량 이용한다. 개별 기업은 도태될 수 있지만 반도체를 만드는 회사, 그 집합체인 반도체 ETF는 포트폴리오의 조정으로 꾸

반도체 사용처

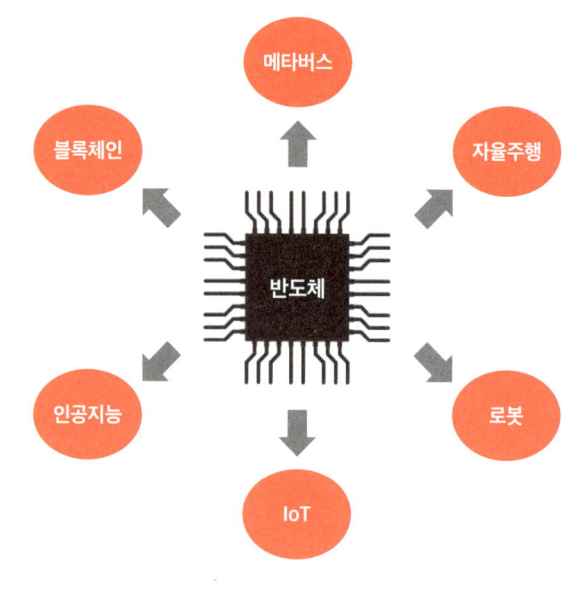

준히 우상향할 수 있다.

  삼성전자가 포함된 KODEX 반도체 레버리지 ETF는 반도체 지수를 기초로 1좌당 순자산 가치의 일간 변동률을 기초지수 일간 수익률 양의 2배로 연동해 운영한다. KODEX 반도체 레버리지 상품은 2024년 10월에 상장되었기 때문에 KODEX 반도체 레버리지에 투자하기 위해서는 KODEX 반도체 ETF(반도체 1배 추종 상품)를 비교해 매수 적기를 찾아가야 한다.

KODEX 반도체 레버리지 ETF 기본 정보

KODEX 반도체 레버리지 ETF	
운용사	삼성자산운용
상장일	2024년 10월 22일
기초자산	주식
기초 지수	KRX 반도체
시가총액	640억 원
순자산	642억 원
구성 종목 수	68종목
레버리지	2배

KODEX 반도체 레버리지 ETF 구성 종목

출처: 삼성증권

3장 무조건 수익 내는 국내 레버리지 ETF TOP 6

1배 KODEX 반도체 ETF와 삼성전자 수익률 비교

출처: 키움증권 HTS

    KODEX 반도체 레버리지 ETF의 경우 상장일이 짧아 데이터를 분석하기 쉽지 않아 반도체 1배 추종 KODEX ETF와 삼성전자를 비교해서 투자하면 좋다. 2022년 12월 미국 금리 인상으로 인한 하락장이 마무리되며 시장은 상승 사이클로 방향을 틀었다. 삼성전자는 5만 1,200원에서 고점인 8만 8,000원까지 70% 상승했지만 반도체 ETF는 저점인 2만 2,000원에서 고점인 4만 5,900원까지

1배 KODEX 반도체 ETF와 삼성전자 수익률 비교

출처: 키움증권 HTS

100% 이상 상승했다. 만약 삼성전자를 매수하는 시점에 반도체 레버리지 ETF에 투자했다면 수익은 400% 가까이 발생했을 것이다.

왜 삼성전자와 반도체 ETF는 두 배의 수익률 차이가 났을까? 삼성전자는 엔비디아, TSMC, 중국의 반도체 자립에 밀리면서 빠르게 하락 사이클에 진입했지만 하이닉스나 주성엔지니어링처럼 살아남은 기업들은 크게 상승했기 때문에 삼성전자의 상승 폭을 넘어서는 수익을 가져다주었다. 반도체 ETF라면 포트폴리오 조정을 통해 더 큰 수익을 노릴 수 있다. 저가에 가격이 형성되어 있다면 분할 매수를 통해 모아가는 전략을 펼칠 수 있다. 기술의 푸른 피, 반도체 레버리지 ETF로 미래를 레버리지해보자.

대표적인 반도체 레버리지 ETF

기초자산	상품명	총보수	순자산총액	거래량
KRS 반도체	KODEX 반도체 레버리지	0.49%	642억 원	29만 주
KRS 반도체	TIGER 반도체 TOP 10 레버리지	0.49%	191억 원	60만 주

출처: ETF 체크

삼성전자 → 반도체 레버리지 ETF 포함 → 반도체 미래 성장성 기대 → 수익률 증가

캐즘을 극복해야 기회를 만난다
KODEX 2차전지 산업 레버리지 ETF

    2차전지 산업은 반도체와 함께 우리나라를 지탱해주는 양대 산맥이다. 국내 증시 전체가 한 그루의 나무라면 반도체와 2차전지는 두 개의 큰 뿌리다. 국내 증시가 최초로 3000포인트를 넘어섰던 것도 두 개의 뿌리가 튼튼하게 버팀목이 되어 성장했기 때문이다. 하지만 2024년에는 수많은 악재가 공존하는 가운데 반도체와 2차전지 산업은 힘없이 무너졌다. 2023년부터 2차전지 분야에 빠르게 버블이 발생했지만 시기상 '캐즘(Chasm)'이 온다는 것을 몰랐던 사람들은 긴 하락장을 고스란히 맞이했다.

    캐즘이란, 기술이 본격적으로 성장하기까지의 간극이나 틈을 뜻한다. 기술주 시대는 닷컴버블 이전과 닷컴버블 이후로 나뉜다. 새로운 기술주들이 끊임없이 탄생하는 가운데 시대의 패러다임이 바뛰게 되는데 혁신 기술이 탄생하게 되면 기대감으로 인해 미래의 수익을 현재에 반영해 버블이 발생하게 된다. 그리고 기술에 대한 기대감이 줄어들 때쯤 '캐즘'이 발생하게 된다.

캐즘은 언제 발생할까

캐즘은 새롭게 개발된 제품이나 서비스가 대중에게 받아들여지기 전까지 겪는 침체기를 말한다. 캐즘은 원래 지질학 용어로, 지층에 균열이 생기면서 단절되는 현상을 뜻한다. 실리콘밸리에서 활동하는 컨설턴트 제프리 무어(Geoffrey Moore)가 스타트업의 성장 과정을 캐즘에 빗대 설명하면서 경제 용어로도 사용된다. 그는 시대의 패러다임이 바뀌는 시기에는 캐즘이 발생한다고 보았다. 캐즘 현상은 주로 IT와 같은 첨단 산업에서 발생하는데, 이런 산업은 새로운 기술을 소비자가 알아보기까지 시간이 걸리기 때문이다. 1995년부터 시작된 인터넷 혁명은 닷컴버블을 만들어냈고, 당시 대장주인 시스코 시스템즈는 PER 100 넘는 메가 버블을 만든 후, 닷컴버블을 터트리고 말았다.

캐즘을 이해하지 못한다면, 2차전지 상승 사이클이 끝나는 시점에서도 미래에 꾸준히 상승할 것이라는 믿음으로 장기 투자하

캐즘 발생 구간

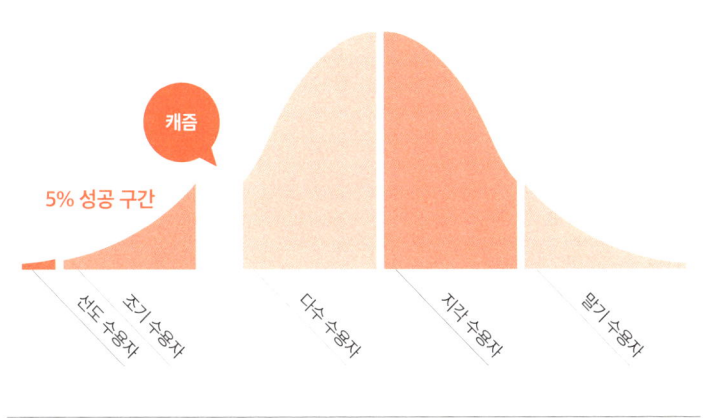

선도 수용자 ➔ 조기 수용자 ➔ 다수 수용자 ➔ 지각 수용자 ➔ 말기 수용자
(정보 빠름) (정보 늦음)

출처: 《제프리 무어의 캐즘 마케팅》

게 되는 실수를 저지르게 된다. 2차전지 버블이 심했던 에코프로에서 현재 같은 현상이 나타났으며 AI 버블이 한참인 엔비디아에도 나타날 가능성이 크다. 당시 경제학자들조차 에코프로의 PER이 100을 넘어서자 캐즘이 오리라고 경고했다. 하지만 버블은 더 큰 버블을 키우며 앞으로 더 상승할 것이라는 희망만 대중에게 전달한다. 위험을 경고하는 뉴스나 글은 상승 사이클에서는 찾아보기 힘들다. 스스로 공부를 통해 시장을 통찰해내고 객관화하는 힘을

닷컴버블 당시 시스코 시스템즈

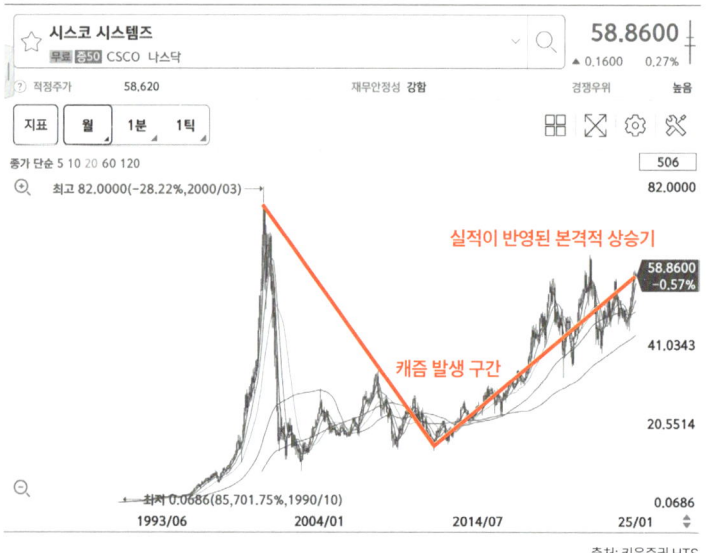

출처: 키움증권 HTS

길러야 한다.

캐즘은 기업이 성장하는 원리와는 다르게 기술의 패러다임이 시작되는 단계에서 발생한다. 미래의 기대감이 선 반영된다는 특징이 있다. 이후 버블이 발생하게 되면 정체기가 나타나게 된다. 캐즘 그래프를 2차전지 산업에 대입해보자. 닷컴버블 당시 인터넷 혁명을 이끌었던 시스코 시스템즈 차트와 현재 2차전지 버블을 주도한 에코프로의 차트가 묘하게 닮았다. 시스코 시스템즈의 차트와 비교해보면 2차전지 산업의 미래를 조금은 예측해볼 수 있다. 현재

2차전지 버블 당시 에코프로

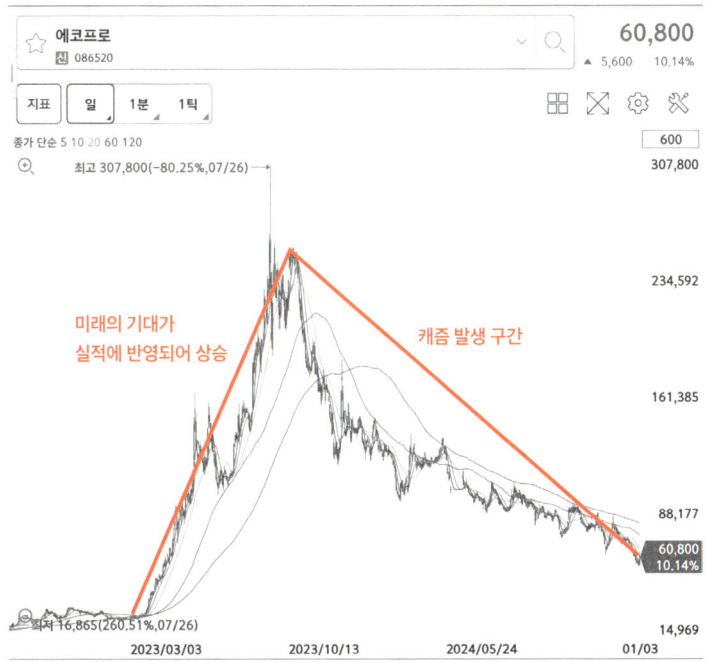

출처: 키움증권 HTS

AI 버블을 주도하고 있는 엔비디아도 비슷한 추세로 미래가 그려질 것이라는 걸 유추해볼 수 있다.

2차전지 산업은 어떠한 방향으로 나아갈까? 캐즘을 이겨낸다면 새롭게 실적이 반영된 미래를 그려나가지 않을까? 캐즘 현상을 기준으로 KODEX 2차전지 산업 레버리지 ETF에 대해서도 알아보자.

KODEX 2차전지 산업 레버리지 ETF

KODEX 2차전지 산업 레버리지 ETF는 기존 2차전지 산업 ETF를 2배로 추종하는 ETF 상품이다. 2차전지 밸류체인 전반에 투자하는 방식은 같으며, 2배의 수익을 목표로 운영된다. KODEX 2차전지 산업 레버리지 ETF는 2차전지 버블이 한창일 때 설계되었지만, 이후 하락 사이클에 진입하며 큰 손실이 발생하기도 했다. 현재 시가총액은 1,823억 원으로 삼성운용자산에서 포트폴리오를 관리한다.

KODEX 2차전지 산업 레버리지 ETF 기본 정보

KODEX 2차전지 산업 레버리지 ETF	
운용사	삼성자산운용
상장일	2024년 7월 4일
기초자산	주식
기초 지수	FnGuide 2차전지 산업지수
시가총액	1,823억 원
순자산	1,826억 원
구성 종목 수	41종목
레버리지	2배

KODEX 2차전지 산업 레버리지 ETF 구성 종목

출처: 삼성증권

2차전지 산업 위기는 곧 기회

2024년, 국내에서는 2차전지 열풍이 한창이었다. 세상 모든 자동차가 곧 전기자동차로 바뀔 것만 같았다. 하지만 필리핀 여행 당시 생각이 조금 바뀌었다. 전기자동차는 한 대도 보이지 않았고 대부분 도요타 자동차를 타고 있었다. 전기자동차 섹터가 테슬라를 필두로 뜨겁게 달아오를 때조차 도요타는 전기자동차 대신 하이브리드 자동차에 더욱 집중했다. 도요타의 이러한 선택을 두고 전문가들은 강하게 경고했지만, 하이브리드 집중은 도요타만의 생존 방식이었다.

2차전지 버블로 증시가 뜨거웠을 당시 주위에서 2차전지에 투

KODEX 2차전지 산업 레버리지 ETF

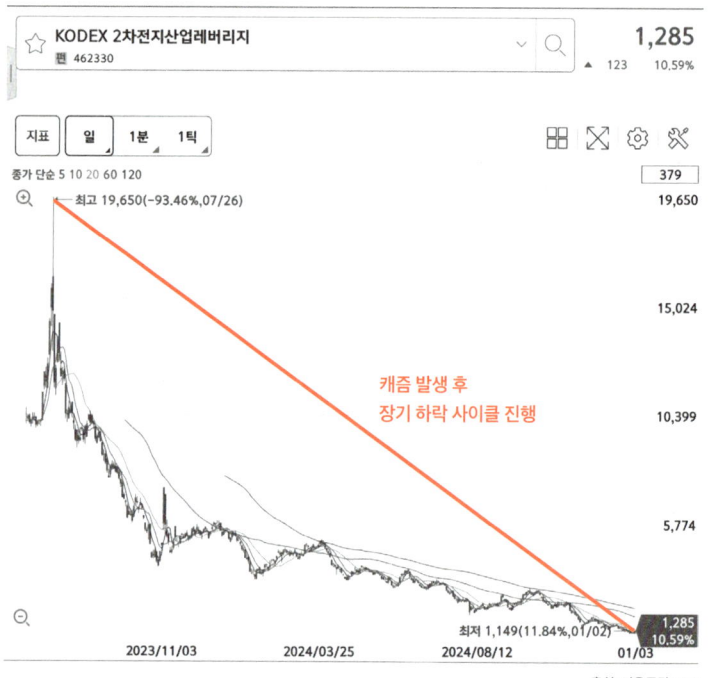

출처: 키움증권 HTS

자하지 않으면 미래가 없는 것처럼 취급했다. 하지만 세상의 반은 기술이 아직 통하지 않는 나라들로 가득하다. 필리핀, 태국, 베트남과 같은 개발도상국이나 아프리카 지역은 아직 2차전지가 보급될 만한 여건을 갖추지 못했다. GDP가 낮다 보니 낡은 중고차도 사치에 가깝다. 이를 파악한 도요타는 모두가 전기자동차에 뛰어들 때 역발상으로 자신들의 강점을 살린 하이브리드에 집중했을

지도 모른다.

자신이 매수한 주식과 사랑에 빠지지 말아야 한다. 맹목적으로 주식과 사랑에 빠지게 되면 상승 요인만을 바라보기 때문에 흐름을 읽어내지 못한다. 모든 투자는 매도를 통해 현금화를 했을 때 내 자산이 된다. 맹목적인 사랑으로 캐즘을 이해하지 못한다면, 증시가 올라도 팔지 못하고 주가가 내려가면 고통스러운 시간을 보낼 수밖에 없다. 2차전지 산업은 과거처럼 수십 배씩 급등하지 않을 수도 있다. 2차전지 산업에 투자하고 싶다면 실적을 확인하면서 바닥에서 모아가는 전략을 고려해볼 만하다.

대표적인 2차전지 산업 레버리지 ETF

기초자산	상품명	총보수	순자산총액	거래량
주식	KODEX 2차전지 산업 레버리지	0.49%	1,826억 원	959만 주
주식	TIGER 2차전지 TOP 10 레버리지	0.29%	676억 원	251만 주

출처: ETF 체크

고금리 강달러 시대의 달러 투자

**KODEX 미국 달러 선물 레버리지,
KODEX 미국 달러 선물 인버스 2X**

찰스 P. 킨들버거(Charles P. Kindleberger)는 《광기, 패닉, 붕괴》를 통해 경제 위기를 세 가지 주요 단계로 구분하면서, 역사적으로 투기적 버블이 생성되고 붕괴하는 과정을 다음과 같이 설명했다.

- **광기** 사람들이 특정 자산의 가치가 지속해서 상승할 것이라는 믿음에 빠지는 단계로 과도한 낙관이 시장에 팽배하고, 대중은 위험을 무릅쓰고 투기에 뛰어든다. 과거 튤립 버블, 닷컴버블이 대표적이다.
- **패닉** 자산 가치가 지속해서 하락할 것이라는 공포에 사로잡히는 단계로 모두가 버블에서 빠져나오기 위해 자산을 팔아 치우려 노력하지만, 더는 매수할 주체가 없는 상황이 발생한다. 금융 시스템은 유동성 부족에 직면하며, 금융기관과 개인 모두 큰 손실을 겪는다. 광기 이후 버블이 터지며 불확실성이

최고조에 달한 상태다.

- **붕괴** 패닉 이후 자산 가격이 급락하고 경제 활동이 급속도로 축소되면서 경기 침체가 발생하는 단계다. 기업과 개인은 파산에 이르고, 실업률 상승, 장기적 경기 침체가 발생할 수 있다. 1929년 대공황과 2008년 금융위기 시기가 대표적이다.

그가 설명한 광기, 패닉, 붕괴는 미국의 기축통화인 달러와도 연결되어 있다. 과거 경제위기가 발생하게 되면 달러는 강해지는 현상이 발생했다. 시장의 반복되는 광기, 패닉, 붕괴의 사이클 속에서 달러는 주기적으로 상승과 하락을 반복했고, 경제 위기는 곧 달러의 투자 사이클에서 기회가 되어주었다. 달러는 미국의 기축통화 지위를 누리기에 안전자산으로 통용된다. 가격이 어느 정도 정해져 있으므로 위기가 오거나 과도하게 달러가 하락한다면 일정한 가격을 정해 레버리지 투자와 인버스 투자를 병행하며 수익을 낼 수 있다.

고금리 강달러 정책은 달러 투자 기회

경세학적으로 고금리, 강달러 정책은 경기를 위축시키기 위한

원·달러 환율

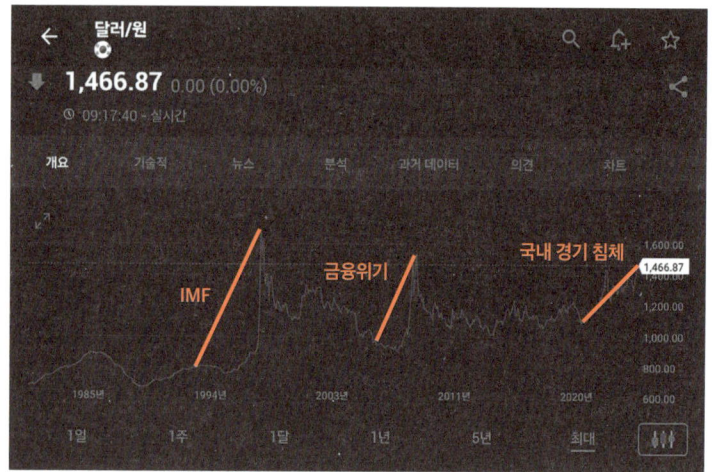

출처: investing.com

정책이었다. 미국은 인플레이션에서 벗어나기 위해 고금리 정책을 펼쳐 과열을 진정시켰다. 하지만 이번 상승 사이클에서는 역설적으로 미국만 이득을 보는 정책, 즉 고금리를 유지하는 강달러 정책으로 미국을 제외한 유럽, 일본, 한국, 중국 모두 경기 침체로 인해 고통을 받고 있다.

    미국의 고금리 정책은 2021년부터 10% 가까이 상승한 물가를 억제하려는 조치였다. 고금리 정책을 펼치자 주식과 부동산은 하락했다. 미국을 제외한 전 세계 국가는 경기 침체에 빠졌다. 한국을 비롯한 여러 국가들은 오히려 금리를 인하하기 시작했고, 미국은 고금

2025년 1월 기준금리

미국	4.50%
유로존 중앙은행	3.15%
일본 중앙은행	0.25%
한국은행	3.00%

리 속에서 버티는 전략을 펼쳤다. 미국은 탄탄한 내수를 바탕으로 자산시장의 상승을 이끌었다. 이러한 상황에서 미국과 다른 국가 간의 금리 차는 더욱 벌어지며 소위 '머니무브' 현상이 발생했다.

미국과의 금리 차는 자본의 이동을 의미한다. 전 세계 자산의 흐름은 금리가 낮은 쪽에서 높은 쪽으로 쏠리게 되는데 대표적인 현상은 일본의 저금리를 이용해 다른 국가에 투자하는 '엔 캐리 트레이드'다. 금리 차로 인해 '머니무브'가 가속화되면 자국의 경기는 급속도로 악화하고 환율은 약세를 보이는 현상이 발생한다. 이러한 현상이 현재 미국의 자산 쏠림 현상, 즉 미국만 잘 사는 정책에 희생을 당하고 있는 이유다. 달러는 더욱더 미국으로 빨려 들어가면서 강달러를 유지하게 되었고 미국에 투자한 자산은 환차익까지 얻을 수 있었다. 미국은 금융자본을 바탕으로 현금 흐름이 풍부해졌다. 반대로 미국을 제외한 나라들은 달러 대비 통화 약세를 보이고 있다.

고금리 강달러 정책을 유지하는 것은 불가능하다

고금리 강달러 정책은 미국을 제외한 국가들의 숨통을 두 손으로 꽉 누르고 있는 상태나 다름없다. 고금리 강달러 정책으로 자산이 상승하자 미국의 경우 현금 유동성이 풍부해지며 소비가 자연스럽게 촉진되었다. 하지만 이러한 부작용은 반드시 미국으로 되돌아오게 되어 있다. 이러한 현상은 장기간 지속할 수 없고 미국 이외의 나라에서 반드시 경제 위기가 발생할 수밖에 없다.

자산에는 사이클이 존재한다. 미국의 고금리 강달러 정책 또한 지속할 수 없다. 고금리 상황에서는 반드시 경기가 위축되기 때문이다. 미국 밖에서 경제 위기가 발생한다면 고금리 정책에서 빠져나오는 정책으로 선회하고 강달러는 약달러 정책으로 전환하며 꽉 묶여 있던 숨통을 풀어주는 정책을 펼칠 것으로 예상된다.

다음 경제 사이클에서는 저금리, 약달러 정책으로 전 세계가 같이 잘 사는 사이클에 진입하지 않을까 조심스레 예측해본다. 이러한 상황에서 현재 국내 원·달러 환율은 역대 세 번째로 높은 수준에 도달해 있다. 반대로 생각하면 달러에 투자할 기회가 찾아왔다고 할 수 있다. 원·달러 환율이 1,460원에 도달한 것은 역사적으로 IMF, 금융위기, 고금리 강달러 정책으로 인한 강달러 현상까지 세 번뿐이었다.

KODEX 미국 달러 선물 레버리지 ETF
KODEX 미국 달러 선물 인버스 2X ETF

KODEX 미국 달러 선물 레버리지와 인버스 ETF는 한국거래소(KRX)에서 거래되는 미국 달러 선물지수를 기초 지수로 해 1좌당 순자산 가치의 일간 변동률을 기초 지수 일간 변동률의 2배수로 연동해 운용한다. KODEX 미국 달러 선물 레버리지와 인버스 모두 2016년에 출시해 10년 가까이 운용되고 있으며 순자산은 인버스 2X 상품의 규모가 좀 더 크다. 두 상품 모두 삼성자산운용에서 운용하고 있다.

KODEX 미국 달러 선물 레버리지 ETF와 KODEX 미국 달러 선물 인버스 2X ETF의 구성 종목을 살펴보자. 레버리지 상품의 경우 달러 선물 비중이 84.28%이며, KODEX 미국 달러 SOFR 금리 액티브(합성) 7.89%, KODEX 미국 달러 선물 7.64%, KOSEF 미국 달러 선물 0.19% 비중으로 연동되어 있다. 달러가 상승할 경우 2배 수익을 추종한다. 미국 달러 선물 인버스 2X ETF의 경우 달러 선물 비중이 90.23%, KODEX 미국 달러 선물 인버스 6.65%로 나머지 상품들의 비중은 미미한 편이며 달러 하락 시 2배의 수익률을 추종한다.

KODEX 미국 달러 선물 레버리지, 인버스 2X ETF 기본 정보

KODEX 미국 달러 선물 레버리지 ETF	
운용사	삼성자산운용
상장일	2016년 12월 27일
기초자산	통화
순자산	414억 원
레버리지	2배

KODEX 미국 달러 선물 인버스 2X ETF	
운용사	삼성자산운용
상장일	2016년 12월 27일
기초자산	통화
순자산	1,685억 원
레버리지	-2배

KODEX 미국 달러 선물 레버리지 및 인버스 2X ETF 구성 종목

출처: 삼성증권

세븐 스플릿 투자법과 인버스 스위칭의 투 트랙 전략

세븐 스플릿과 인버스를 같이 적용하는 투자법도 고려해보자. 세븐 스플릿 투자법은 달러 가격 예측이 가능할 때 사용하는 투자법이다. 패권 국가의 지위가 사라지지 않는 이상 미국 달러는 안전 자산으로 기능해 범위가 예측 가능하다. 다만 달러의 사이클 주기는 느린 편이라 긴 호흡을 가지고 투자해야 한다.

달러의 평균 가격인 1,120원을 기준으로 3% 하락 시 각각의 계좌에 나눠 매수하는 방식이다. 1,120원 밑으로 매집한 각각의 계좌에 1번부터 7번까지 번호를 부여하고 1,120원부터 3%씩 올라갈 때마다 기계적으로 매도하는 투자법이다. 1,120원에서 3% 떨어진다면 1번 계좌에서 매수한다. 다시 1,120원 위로 3% 올랐다면 기계적으로 1차 매도한다. 1,120원 기준으로 횡보가 발생해 아래위로 오르내린다면 1번 계좌에서만 수익이 발생한다.

하지만 1,120원을 기준으로 하락 사이클이 발생해 7번 계좌까지 채웠다면 이후 달러가 상승 사이클이 발생할 때까지 보유하는 전략을 취한다. 달러의 상승 사이클에서는 스위칭 전략을 펼칠 수 있는데 달러가 1,350원 이상이라면 KODEX 달러 선물 인버스 2X ETF로 갈아타는 전략을 쓰면 된다.

달러 투 트랙 전략은 달러의 하단과 상단이 막혀 있어 쓸 수 있는

KODEX 미국 달러 선물 레버리지

출처: 키움증권 HTS

* 강달러 상황에서 환율은 1,400원을 넘어 1,500원을 넘보고 있으며, 바닥에서 크게 상승했다. 이런 경우에는 추후 반대로 움직이기 때문에 인버스 2X ETF로 스위칭 전략을 펼쳐보자.

전략이다. 달러는 상단이 정해져 있다. 보통 1,350원에서 1,600원 사이다. 1,120원 밑에서 매수한 달러가 1,120원을 넘어 1,350원 이상 올라간다면 역순으로 달러 인버스 상품을 분할해 매수하는 스위칭 전략도 고려해볼 수 있다.

달러에는 사이클이 존재하기 때문에 계속해서 강달러에 머물러

KODEX 미국 달러 선물 인버스 2X

출처: 키움증권 HTS

있는 건 아니다. 반드시 강달러 이후에 하락 사이클이 나타나기 때문에 세븐 스플릿 투자법과 스위칭 전략으로 달러 인버스 상품에 투자한다면 달러의 상승과 하락 사이클 모두에서 수익을 낼 수 있다.

세븐 스플릿 투자법과 인버스 스위칭 투 트랙 전략

1. 인베스팅닷컴(investing.com)을 통해 달러 가격을 점검한다.
2. 달러 투자 일지를 작성할 노트나 블로그를 준비한다.
3. 1,120원을 기준으로 달러 레버리지 ETF와 달러 인버스 2X ETF 상품을 연동해서 살펴본다.
4. 계좌를 7개 만든 뒤 1,120원을 기준으로 하락 시 달러 레버리지 ETF를 매수한다.
5. 1,120원을 기준으로 3% 상승할 때마다 계좌마다 기계적으로 매도해 수익화한다.
6. 만약 달러 가격이 1,350원에 도달하면 인버스 상품으로 스위칭한다.
7. 달러가 하락해 1,120원에 도달한다면 1,350원일 때 매입한 상품을 매도하고 세븐 스플릿 투자법으로 나눠 매수한다.
8. 달러 레버리지 투자는 기록이 중요하다. 달러 지수와 달러 ETF를 연동해서 살펴야 하므로 꼭 매매 일지를 만들자.

대표적인 달러 선물 레버리지 ETF

기초자산	상품명	총보수	순자산총액	거래량
통화	KODEX 달러 선물 레버리지	0.45%	414억 원	6만 주
통화	KOSEF 달러 선물 레버리지	0.64%	196억 원	934주
통화	TIGER 달러 선물 레버리지	0.50%	103억 원	2,256주

출처: ETF 체크

대표적인 달러 선물 인버스 2X ETF

기초자산	상품명	총보수	순자산총액	거래량
통화	KODEX 달러 선물 인버스 2X	0.45%	1,685억 원	88만 주
통화	KOSEF 달러 선물 인버스 2X	0.64%	101억 원	1만 주
통화	TIGER 달러 선물 인버스 2X	0.50%	189억 원	2만 주

출처: ETF 체크

청개구리 투자법으로
자산 하락에 레버리지하라
KODEX 200 선물 인버스 2X ETF

인버스(Inverse)에는 정반대라는 의미가 있다. 대부분 ETF는 자산의 상승에 맞춰 설계되어 있지만 인버스 상품의 경우 자산의 하락에 수익이 나게끔 설계되어 있어 단기적 관점에서 악재가 발생하리라 예상될 때나 경기가 침체해 장기 하락 사이클에 들어서리라 예상되었을 때 사용할 수 있다.

인버스 투자란 청개구리 투자법으로 증시의 하락에 베팅하는 전략으로 주가 하락 시 대부분 투자자가 손실이 발생해 힘들어하고 있을 때 투자 적기만 잘 맞춘다면 청개구리처럼 나 혼자 웃을 수 있는 투자법이기도 하다. **KODEX 200 선물 인버스 2X ETF**의 경우 코스피 지수가 하락할 시 2배 수익을 추종한다. 레버리지를 활용해 100만 원을 투자하면 이 돈을 담보로 주식을 사고 다시 100만 원어치의 선물을 추가로 사는 방식으로 운용된다. 다만 단점도 존재하기 때문에 어떠한 방식으로 투자해야 성공할 수 있는지 구체적으로 알아보자.

1. 자산의 20% 안에서 투자하자.

주식시장은 주기적으로 상승 사이클과 하락 사이클이 반복된다. 대체로 3년에서 4년간 한 사이클이 진행되는데 상승 시장은 2년에서 3년 정도 지속되고, 하락은 1년 내외로 진행된다. 상승 사이클의 기간이 하락 사이클의 기간보다 길다. 시장을 너무 비관적으로 보기보다 상승에 초점을 맞춰 투자를 이어가고 시장에 버블이 과도하게 발생했다고 판단될 때 자산의 20% 선에서 투자를 고려해봐야 한다.

2. 버블의 크기는 예측하지 못한다.

왜 자산의 20%만 투자해야 할까? 시장이 하락 사이클에 진입할 것이라고 잘못 판단해 내 자산이 100% 인버스 ETF에 들어가 있는데 예상과 다르게 상승했다면 끔찍한 결과를 초래할 수 있다.

2008년 금융위기 이후 애플과 삼성의 스마트폰 혁신으로 다우지수에는 최장기 상승 사이클이 발생했다. 그러나 당시 나는 투자에 경험이 부족해 V자 반등 시점에서 인버스 투자에 들어갔다.

코스피

다우존스

첫 번째 표기된 위치가 금융위기 시기고 두 번째 표기된 부분이 인버스 투자에 들어간 시점이다. 2008년 미국의 금융위기는 소(小)공황이라고 할 만큼 충격이 컸다. 당시 증시는 상승 반전했음에도 이중침체가 곧 올 것 같았다. 하지만 시대적 패러다임을 바꿀 만한 애플의 스마트폰이 탄생하면서 미국 증시는 최장기 랠리를 이어갔고 국내 증시는 횡보에 들어갔다.

그때 배운 인버스 투자의 교훈은 '예측하지 말자'였다. 증시는 상승 사이클에서 사람들의 욕망으로 더욱 상승하려는 욕망이 강하다. 결국 인버스 투자는 실패로 돌아갔다. 투자 경험이 풍부하더라도 언제나 자신의 자산 모두를 투자하는 건 위험이 따를 수 있다.

3. 공포 구간에서 하는 인버스 투자는 독이다.

인버스 투자는 양날의 칼이다. 2024년에는 대한민국 증시에만 하락장이 진행되면서 거래량 상위 종목에 KODEX 200 선물 인버스 2X ETF 상품이 자주 오르내렸다. 그만큼 증시가 좋지 않았다는 방증이다. 국내 증시의 하락 폭이 커지자 인버스 2배 상품에 쏠림 현상이 발생했다.

사람들은 손실이 크게 발생하면 이를 만회하기 위해 충동적으로 수익이 크게 발생할 만한 투자처로 옮겨간다. 그러나 투자 공부를 하면서 제일 중요한 것은 성공 확률을 계산할 줄 알아야 한다는 점이었다. 즉흥적이고 충동적인 매매는 항상 큰 문제를 초래한다. 공포로 인해 추가로 하락하리라 착각해 인버스 상품에 투자했지만, 만약 투자할 당시가 하락을 마무리하고 대세 상승하는 자리라면 이중으로 손실이 발생할 수도 있다.

4. 10% 손절매 라인을 설정하자.

단기 인버스 투자나, 버블 구간에서 역발상 투자 모두 경험과 기술이 필요하다. 버블 구간에서 하락 사이클을 예상해 투자했지만 더 큰 버블이 생길 수도 있고, 증시에 공포가 발생해 단기 투자로 들어갔지만 타이밍이 늦어 손실뿐만 아니라 절호의 투자 기회도 한꺼번에 놓칠 수 있다. 투자에 있어 100% 확률은 존재하지 않는다. 반드시 손절매 라인은 정해 놓아야 한다.

손절매 라인은 10% 하락 내외로 설정해야만 다음 기회를 노릴 수 있다. 미련 때문에 증시에 반대로 투자한다면 오히려 남들에게 수익이 발생할 때 울 수밖에 없는 상황에 놓이게 된다.

KODEX 200 선물 인버스 2X ETF

KODEX 200 선물 인버스 2X ETF는 F-KOSPI 200 지수 일별 수익률의 -2배를 추적하는 ETF이며, 기초 지수인 F-KOSPI 200 지수가 일간 1% 하락 시 KODEX 200 선물 인버스 2X ETF는 2% 상승을 목표로 한다. F-KOSPI 200 지수란 주가지수 선물의 가격 수준을 종합적으로 표시하는 지수로, KOSPI 200 선물의 최근 월물 가격을 산출해 선물 만기일 전에 차근 월물(선물 계약에서 차월물 중 처음으로 만기가 도래하는 월물)로 교체한다. KODEX 200 선물 인버스 2X ETF는 코스피 200 지수 선물 91.57%, KODEX 인버스 8.43% 비율로 구성되어 있다.

KODEX 200 선물 인버스 2X ETF 기본 정보

KODEX 200 선물 인버스 2X ETF	
운용사	삼성자산운용
기초자산	주식
기초 지수	KOSPI 200 선물지수
시가총액	10,710억 원
순자산	10,786억 원
구성 종목 수	3종목
레버리지	-2배

KODEX 200 선물 인버스 2X ETF 구성 종목

출처: 삼성증권

대표적인 인버스 2X ETF 상품

기초자산	상품명	총보수	순자산총액	거래량
주식	KODEX 200 선물 인버스	0.64%	10,786억 원	1,300만 주
주식	KOSEF 200 선물 인버스	0.46%	63억 원	10만 주
주식	TIGER 200 선물 인버스	0.22%	698억 원	589주

출처: ETF 체크

4장

트럼프 2.0 시대에도 돈 되는 머니 트렌드 TOP 6

LEVERAGE

들어가며

2025년의 키워드는 두 가지다. 그 첫 번째는 AI다. 2023년 1월 기나긴 하락장이 마무리되는 시점에서 극적으로 AI 기술이 미국을 강타했다. 사람들이 새로운 기술을 의심하는 사이 증시는 엄청난 상승 랠리를 이어갔다.

2024년이 하드웨어 AI의 시대였다면, 2025년은 피지컬 AI 시대가 될 것이다. 엔비디아는 2025년 키워드로 '피지컬 AI 시대'를 선포했는데 이제는 학습된 AI 기술과 타 기술의 융합을 통해 새로운 성장 동력을 만들어낼 것으로 보인다. 엔비디아의 주도로 빅테크 기업들이 데이터센터를 구축하며 AI 무대의 기반을 만들어나가고 있다.

테슬라는 AI와 융합한 자율주행 로보택시 출시를 앞두고 있으며, 로봇 AI와 융합해 로봇 스스로 체험하고 경험해 데이터를 습득하는 휴머노이드 로봇 시장도 성장할 것으로 보인다. AI 로봇, AI 자율주행, AI 드론, AI 의료, AI 생명공학 등 AI와 연결된 기술 진보는 과거 인터넷 혁명과 스마트폰 혁명을 연상하게 한다.

하지만 주의를 기울여야 할 부분이 있다. 2000년, 시스코 시스템즈는 마이크로소프트를 제치고 시가총액 1위에 등극했다. 시스코는 엔비디아와 마찬가지로 인터넷 보급을 위한 네트워킹 장비를 공급하는 회사였다. 당시에도 네트워킹 장비의 수요는 엄청났고 실제 실적과도 연결되었지만 인터넷에 대한 과도한 기대치는 대중의 광기를 만들어냈고 결국 닷컴버블이 터지고 말았다.

현재 AI 랠리는 과거 닷컴버블과 비슷한 데가 있다. 인터넷 보급망이 깔리듯 AI 데이터센터를 짓고 엔비디아를 중심으로 실적이 발생하고 있다. 중국에서 저비용 GPU로 혁신을 일으킨 딥시크의 출현 역시 AI 소프트웨어로의 변화를 알리는 시작일 가능성이 크다. 한 번 더 버블이 만들어질지, 아니면 하락 사이클 진입 후 다음 사이클에 AI와 융합된 섹터의 기술 랠리가 펼쳐질지 두고 보아야 한다.

다른 하나는 '트럼프 2.0 시대'다. 트럼프 대통령의 재당선 이후 비트코인과 미국 증시는 동반 상승했다. 트럼프의 행보는 증시를 움직이게 할 것이다. 트럼프 대통령은 세 가지 패권을 가져오겠다고 공표했다. 바로 AI 패권, 비트코인 전략 자산, 에너지 패권이다. 도널드 트럼프와 일론 머스크의 영향력은 상상 이상이다. AI 융합 산업을 선두에서 이끌고 있을 뿐 아니라, 취임식 때 선보인 스타게이트 프로젝트로 5,000억 달러의 AI 인프라 투자를 끌어내며 AI 패권의 중요성을 드러냈다.

다가올 AI 확장 시대는 폭발적인 전력 소비 증가로 이어질 것이다. 따라서 미국은 에너지를 자국으로 이동시키는 에너지 패권을 노리고 있다. 비트코인 시장 또한 트럼프 2.0 시대에는 저물지 않으리라고 예상한다. 디지털 금으로 평가되는 비트코인은 이미 트럼프의 재당선과 함께 크게 상승했다. 비트코인을 미국의 전략 자산으로 비축하겠다는 공약과 앞으로 코인 시장을 활성화하겠다는 공약이 가상자산에 기대하게 만드는 요인이 된다. 이제 어떤 트렌드가 주식시장을 주도해나갈지 레버리지 ETF와 연결해 살펴보자.

트럼프 2.0 시대
AI 레버리지 ETF

　인공지능(Artificial Intelligence, AI)은 인간이 가지는 학습, 추리 능력을 구현시키는 컴퓨터 과학의 한 분야다. AI가 처음으로 대중에 각인된 사건은 2016년 3월 구글 딥마인드(Deep mind)에 알파고가 바둑의 전설 이세돌 9단과 대결한다는 소식이었다. 알파고가 최종 승리를 거두자, 사람들은 어떻게 기계가 사람을 이겼는가에 주목하기 시작했다. 그 중심에는 AI와 기계 학습(Machine Learning), 딥러닝(Deep Learning)이 있다.

　2016년만 해도 AI 분야는 가능성만 남아 있는 정도였으나, 2022년 생성형 AI(Generative AI)의 대표 주자인 오픈 AI(Open AI)가 챗GPT를 선보이면서 실생활에 적극적으로 사용되기 시작했다. 생성형 AI는 프롬프트에 대응해 텍스트, 이미지, 기타 미디어를 생성할 수 있는 AI 시스템이다. 이런 생성형 AI는 입력 트레이닝 데이터 패턴과 구조를 학습한 다음 유사한 특징을 지닌 새로운 데이터를 만들어내는데 예술, 작문, 소프트웨어 개발, 의료, 금융, 게임, 마케팅, 패션을 포함한 다양한 산업 부문에 응용 가능해졌다. 생성형 AI의 가능성을 알아본 마이크로소프트, 구글, 바이두와 같은 기업들은 2020년도부터 생성형 AI에 투자하기 시작했다.

AI의 미래

2025년 글로벌 AI 시장은 약 4,000억 달러 규모로 성장할 전망이며, 글로벌 AI 기업들이 주도하는 클라우드 컴퓨팅, 데이터 분석, 머신러닝 기술의 발전에 따라 헬스케어, 자동차, 금융 등에서 AI 활용이 가속화될 것으로 예상한다. 5년 뒤인 2030년 세계 AI 시장 규모는 1조 8,475억 달러일 것으로 예상한다. 그 세부 분야는 다음과 같이 나눌 수 있다.

LLM

거대 언어 모델(Large Language Model)로 대규모 텍스트 데이터를 학습해 인간과 유사한 언어 이해 및 생성 능력을 갖춘 딥러닝 모델

대표 기업 앤스로픽, 구글, 메타, xAI, 마이크로소프트, 알리바바, 바이두

AI 로봇

센서를 통해 인간처럼 인식하고 자율적으로 행동하는 로봇

대표 기업 테슬라, 피겨 AI, 보스턴 다이내믹스, 어질리티 로보틱스, 애지봇

반도체 칩

컴퓨터 및 모든 전자 제품에 들어가는 핵심 부품으로 산술연산, 정보 기어가 다른 칩의 제어를 수행

대표 기업 엔비디아, AMD, 인텔, 애플, 세레브라스 시스템즈, 그로크

프로그래밍

생성형 AI 기반 코딩 툴, 자동화 소프트웨어 개발

대표 기업 깃허브, 허깅페이스, AWS, 코디움, 리플릿, 에니스피어

추가

AI 에이전트, 엔터프라이즈 AI 플랫폼, BCI(Brain-Computer Interface), 온디바이스, 자율주행

글로벌 100대 AI 기업 현황

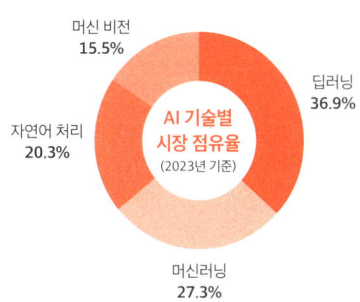

AI 기술별 시장 점유율 (2023년 기준)
- 딥러닝 36.9%
- 머신러닝 27.3%
- 자연어 처리 20.3%
- 머신 비전 15.5%

글로벌 국가별 100대 AI 기업

미국 (59개)	LLM(6) 오픈 AI 등	AI 로봇(5) 테슬라 등	반도체 칩(6) 엔비디아 등	프로그래밍(6) 깃허브 등	기타(36) 임뷰 등
중국 (10개)	LLM(3) 알리바바 등	AI 로봇(3) 애지봇 등	비디오(1) 콰이쇼우	자율주행(1) 포니 AI	기타(2) 센스타임 등
영국 (7개)	대화형AI(1) 애니마 AI	반도체칩(2) ARM 등	과학(1) 딥마인드	AI 에이전트(1) 페치 AI	기타(2) 신세시아 등
프랑스 (5개)	LLM(1) 미스트랄	번역(1) 시스트란	이미지(1) 포토룸	AI 에이전트(1) H컴퍼니	FL(1) 오킨
캐나다 (5개)	LLM(1) 코히어	AI 에이전트(1) 리워크드	감성분석(1) 레퓨 스테이트	AI 로봇(1) 생추어리 AI	반도체칩(1) 텐스 토렌트

세계 AI 시장 규모 전망

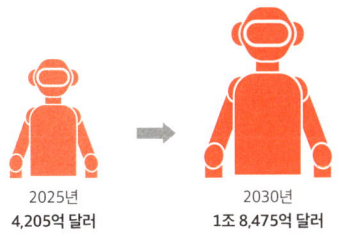

2025년 4,205억 달러 → 2030년 1조 8,475억 달러

출처: 국회도서관

트럼프 2.0 시대 AI 패권 선언

현재 AI 시장은 미국이 압도적인 시장 점유율을 차지하고 있지만, 중국 또한 국가 차원의 지원을 받아 빠르게 성장하고 있다. 도널드 트럼프는 2025년 대통령직에 재취임하면서 에너지, AI 첨단 기술, 비트코인의 패권 전쟁을 선포했다.

그 첫 번째는 AI 패권 선언이다. 트럼프는 중국과의 AI 경쟁에서 승리하기 위해서 AI 관련 행정 명령에 서명했다. 이는 미국의 AI 혁신에 장애물로 작용하는 AI 정책과 지침들을 철회하겠다는 내용을 담고 있다. 그 결과, 오픈 AI와 일본의 소프트뱅크, 미국의 소프트웨어 기업 오라클이 미국에 최소 5,000억 달러를 투자해 새로운 AI 기업 스타게이트를 설립한다고 발표해 민간 AI 투자 유치 성과를 얻어냈다. 이어 메타의 CEO 마크 저커버그는 650억 달러 규모의 투자 계획을 발표했다. 투자금 대부분은 AI 인프라 구축과 데이터센터 확장에 사용할 것이라고 이야기했다.

조심해야 할 부분도 있다. 이런 투자들이 아직 실제 수익과 성과로 연결되고 있지 않다는 점이다. 결국, 수익과 연결될 때 꾸준히 성장할 수 있으므로 앞으로 트럼프 정권의 AI 패권 선언과 함께 빅테크를 중심으로 이 기술이 실제로 수익과 연결되는지에 초점을 맞춰 살펴봐야 한다.

AI 빅데이터 레버리지 ETF

AI 빅데이터 기술을 2배로 추종하는 AIBU(Direxion Daily AI and Big Data Bull 2X Shares) ETF는 엔비디아 2배(NVDU), 테슬라 2배(TSLL) 등의 상품을 관리하는 디렉시온에서 운용하고 있으며, 2024년 5월 AI와 빅데이터 업종에 투자하는 레버리지 상품을 출시했다. AIBU ETF는 솔라액티브 US AI & 빅데이터(Solactive US AI & Big Data) 인덱스의 일일 성과를 추종하며 AI 및 빅데이터 분야의 미국 기업들로 구성되어 있다.

AIBU ETF의 경우 앞으로 AI 기술과 접목해 수익을 낼 수 있는 기업들로 구성되어 있다. 엔비디아의 경우 AI 반도체 시장에서 독점적 위치로 시가총액 1위까지 올라섰지만, 언제까지 독점적 위치를 유지할지는 의문이다. AI 반도체 시장은 인프라를 실적과 연결해야 꾸준히 성장할 수 있다. 어떤 기업이 그 위치를 점할지 아직은 알 수 없지만, AI 섹터를 모아둔 ETF라면 이러한 걱정을 할 필요가 없다. AI 섹터의 볼륨이 커지면 내가 투자한 ETF는 상승하기 때문이다.

AIBU ETF에 속한 대표적인 종목으로는 LLM에 투자하는 메타, AI 반도체 칩을 대표하는 엔비디아, 빅데이터 프로세싱 기업 팔란티어 등이 포함되어 있고 섹터별로는 IT 67.72%, 커뮤니케이션 서

AIBU 2X, AIBD -2X ETF 구성 종목

AIBU 2X, AIBD -2X	구성 종목
1	아마존닷컴(AMZN)
2	알파벳 Class A(GOOGL)
3	팔란티어 테크놀로지(PLTR)
4	애플(AAPL)
5	메타 플랫폼스(META)
6	마이크로소프트(MSFT)
7	엔비디아(NVDA)
8	브로드컴(AVGO)
9	서비스나우(NOW)
10	IBM(IBM)

비스 15.89%, 임의 소비재 7.92% 순으로 구성되어 있다.

반대 상품도 있다. AIBD(Direxion Daily AI and Big Data Bear 2X Shares) ETF의 경우 하락하면 2배 수익을 추종하는 인버스 상품으로 상장되어 있다. 디렉시온의 AI 빅데이터 ETF(AIBU, AIBD)는 AI 및 빅데이터에 특화된 ETF 상품으로 미래 AI 섹터가 꾸준히 성장할 것으로 예상한다면, 개별 기업에 투자하기보다는 섹터의 상승에 투자하는 것이 안전하다.

대표적인 AI 레버리지 ETF

티커	ETF 명	운용사	비용(%)	기초 지수	배수
AIBU	Direxion Daily AI and Big Data Bull 2X Shares	Direxion	1.07%	Solactive US AI & Big Data TR USD	2배
AIBD	Direxion Daily AI and Big Data Bear 2X Shares	Direxion	1.07%	Solactive US AI & Big Data TR USD	-2배

출처: ETF 체크

AI 섹터는 트럼프 행정부의 주요 정책과제로 성장할 것으로 예상한다. 현재 기술의 패러다임이 바뀌는 시기에 이익과 연결되지 않은 캐즘이 발생할 수 있다. 빅테크 기업들의 AI 산업의 수익과 연결해 투자 전략을 세워보자.

트럼프 2.0 시대 전략 자산
비트코인 레버리지 ETF

비트코인을 다시 정의해보자

비트코인은 전 세계적으로 가장 잘 알려진 디지털 화폐로 디지털 금으로도 불린다. 2009년 사토시 나카모토(Satoshi Nakamoto)라는 익명의 개발자가 개발한 암호화폐로 알려져 있다. 비트코인은 탈중앙화를 통해 중앙은행이나 금융기관의 통제를 받지 않으며 블록체인 기술을 기반으로 거래 기록을 투명하게 관리해, 개인 간 직접적인 거래가 가능하게끔 구성되었다. 블록체인 기술은 데이터를 저장하기 위해 분산 원장 기술을 사용한다. 이는 여러 개의 데이터 블록이 체인처럼 연결된 구조로, 각 블록에는 거래 정보가 담겨 있고 새로운 거래가 생길 때마다 블록이 추가된다. 블록체인의 가장 큰 특징은 중앙 서버 없이도 데이터의 신뢰성을 보장할 수 있다는 점과 참여자 모두가 같은 정보를 가지고 있어 데이터 조작이 어렵기에 안전하게 데이터 관리가 가능하다는 장점이 있다. 블록체인의 특징을 요약하자면 다음과 같다.

1. 탈중앙화로 중앙 기관 없이 여러 참여자가 분산해 데이터를 관리할 수 있으며, 중앙 서버가 없어 한 곳에서 데이터가 변경되거나 해킹당할 위험이 줄어든다.
2. 모든 거래 기록이 참여자들에게 공개되어 있어 누구나 확인할 수 있는 투명성이 보장되며 이를 통해 데이터의 신뢰성이 높아진다.
3. 한 번 기록된 데이터는 변경하거나 삭제하기가 매우 어렵다.

비트코인 ETF 승인, 이제 음지에서 양지로

2024년 말 기준 국내 코인 투자자는 1,500만 명을 넘어섰다. 특히 트럼프 대통령은 비트코인을 전략 자산으로 비축해 미국을 암호화폐의 세계 수도로 만들겠다고 선언했다. 그의 발언 덕에 비트코인이 급상승했고, 러시아와 중국 등도 비트코인을 국가 차원에서 비축하겠다고 나서면서 비트코인 랠리가 이어졌다. 또한 미국

증권거래위원회(SEC)는 11개의 비트코인 현물 ETF를 승인했다. 이는 채권, 주식과 같은 전통적 투자 자산에서 벗어나 새로운 투자 자산의 탄생을 알리는 신호가 됐다. 이전까지는 가상화폐에 투자하려면 가상화폐 거래소에 계좌를 만들어 매매하거나, 직접 채굴을 해야 했다.

하지만 트럼프 행정부의 전략 자산 비축 전략과 비트코인 ETF 시장 신설로 인해 개인 투자자들도 쉽게 비트코인을 거래할 수 있게 되었으며 기관 투자자 또한 합법적으로 대규모의 자산을 투자할 수 있게 되었다. 비트코인 ETF 출시 후, 개인 투자자의 수요와 기관 투자자 포트폴리오 편입을 통해 비트코인으로 자산 유입이 한층 원활해졌다.

또한 미국증권거래위원회에서 비트와이즈 비트코인 앤드 이더리움 ETF(Bitwise Bitcoin and Ethereum ETF)의 첫 번째 승인 단계를 완료했다. 곧 비트코인과 이더리움을 기반으로 하는 최초의 복합 ETF가 시장에 등장할 것으로 예상한다. 이번에 승인된 비트와이즈(Bitwise) ETF는 비트코인과 이더리움의 시장 가치를 기준으로 균형 잡힌 투자 노출을 제공하는 상품으로 기존의 비트코인과 이더리움의 단일 ETF와 유사한 구조를 따르지만 두 개의 주요 암호화폐를 결합해 더욱 다양한 방식으로 위험 관리를 하는 투자 전략을 선보이고 있다.

변동성을 극복한 비트코인 전략 자산

비트코인은 대표적인 위험자산 중 하나며 미국 증시의 사이클 주기와 비슷하게 상승과 하락을 반복하고 있다. 비트코인의 경우, 수익도 화끈하지만 변동성도 심해 하락 사이클에 진입하면 손실 또한 크게 발생한다. 그렇기 때문에 디지털 금으로 분류되고 있음에도 개인 투자자들이 선뜻 투자를 망설이게 되는 요인으로 작용한다.

트럼프 대통령의 재취임 직후, 암호화폐에 대한 명확한 언급과 행정 명령이 없자 비트코인 시장은 충격을 받았으나 곧 트럼프 행정부의 첫 암호화폐 관련 행정 명령이 발표되면서 시장은 다시 상승장으로 돌아섰다. 행정 명령은 비트코인이나 특정 알트코인에 대한 언급보다는 암호화폐 산업에 집중되어 있었다.

이러한 트럼프 정권의 행보는 비트코인과 암호화폐 산업을 키워나가기 위해서인 만큼 미국의 친 암호화폐 정부의 보호 아래 비트코인 시장은 성장할 것으로 예상한다. 암호화폐 정책이 변동성이 큰 비트코인의 단점을 보완해줄지 지켜봐야 할 포인트다.

비트코인 레버리지 ETF

BITU(ProShares Ultra Bitcoin) ETF는 블룸버그 비트코인 인덱스(Bloomberg Bitcoin Index) 일일 성과의 두 배에(2X) 상응하는 일일 투자 성과를 추구한다. 펀드 자산의 최소 80%를 지수와 일치하는 일일 수익을 창출할 것으로 판단되는 금융 상품에 투자하거나 이에 대한 익스포저(exposure)를 제공한다. 익스포저란 특정 기업 또는 국가와 연관된 금액이 어느 정도인지를 나타내는 단어다. 신용에 관련된 사건이 발생할 경우, 특정 기업 또는 국가로부터 받기로 약속된 대출 및 투자금뿐 아니라 파생상품 등 금융과 연관된 모든 거래에서 발생할 수 있는 손실 금액을 의미한다. 프로셰어즈에서

나스닥과 비트코인의 비교

출처: 키움증권 HTS

2024년 4월 1일 상장해 운용 중이다.

레버리지 상품 특성상 보수는 0.95%로 다소 높은 편이다. 현재 비트코인은 미국 증시와 투자 사이클을 같이하고 있다. 2022년 12월 금리 인상 사이클로 인한 하락장이 마무리되자 나스닥과 비

나스닥과 비트코인의 비교

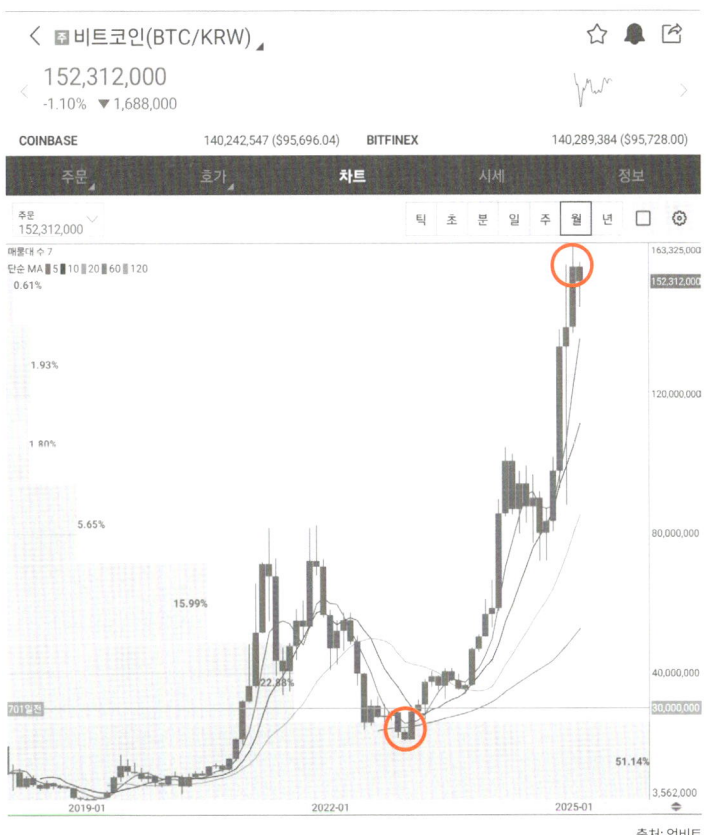

출처: 업비트

트코인은 동시에 상승장으로 돌아섰다. 비트코인은 2022년 12월 저점이었던 2,070만 원에서 2025년 12월 고점이었던 1억 6,300원까지 무려 7.8배 상승했다. 같은 기간, 나스닥은 1만 포인트에서 2만 포인트까지 정확히 2배 상승했다.

이전 사이클에도 비트코인과 미국 증시를 대표하는 나스닥은 비슷한 방향성을 보였는데 비트코인은 위험자산 상승 사이클이 진행되면 크게 오르지만 반대로 하락 사이클에 진입하면 크게 하락한다는 걸 염두에 두고 투자해보자. 현재 미국 증시는 닷컴버블 당시와 비슷한 주가수익비율(PER)에 도달했다. 비트코인도 상승 사이클에서 8배가량 상승했기 때문에 다음 상승 사이클을 투자 시점으로 잡아보고 미국의 비트코인 전략과 함께 수익을 노려보는 것이 현명해 보인다.

반대로 앞으로 미국 달러에 위기가 발생했을 때, 비트코인이 디지털 금의 역할을 한다면 위험자산인 미국 증시와 반대로 탈동조화 현상도 나타날 수 있으므로 추이를 지켜보는 것이 필요하다.

BITU ETF 구성 비중

BITU	구성 종목	비율
1	BITCOIN FUTURES	48.71%
2	USD CASH	19.91%
3	REPO GECERAL SECURITY	14.44%
4	GOLDMAN SACHS/ISHARES BITCOIN ETF TRS	10.14%
5	ISHARES BITCOIN ETF TRS	6.80%

대표적인 비트코인 ETF

티커	ETF 명	운용사	비용(%)	기초 지수	배수
IBIT	iShares Bitcoin Trust ETF	BlockRock	0.12%	CME CF Bitcoin Ref Rate NY Variant USD	1배
BITU	ProShares Ultra Bitcoin ETF	ProShares	0.95%	Bloomberg Bitcoin USD	2배
SBIT	ProShares UltraShort Bitcoin ETF	ProShares	0.95%	Bloomberg Bitcoin USD	-2배

출처: ETF 체크

대표적인 이더리움 ETF

티커	ETF 명	운용사	비용(%)	기초 지수	배수
ETHA	iShares Ethereum Trust ETF	BlockRock	0.25%	CME CF Ether-Dollar Ref Rate NY Variant USD	1배
ETHE	Grayscale Ethereum Trust ETF	Grayscale	2.50%	CoinDesk Ether Price PR USD	1배
ETHU	2X Ether ETF	Volatiltiy	0.94%	N/A	2배

출처: ETF 체크

비트코인 투자 초기에는 미국 증시와 동조화 현상이 나타나지 않았다. 하지만 비트코인 시가총액이 커지자 거대 기관의 자본이 투입되면서 미국 증시와 동조화 현상이 나타나고 있다. 나스닥이 상승 사이클을 보이면 비트코인은 더 크게 상승하는 경향이 나타난다. 반대로 하락 사이클에 진입하면 더 크게 하락하기 때문에 미국 증시의 투자 위치를 살펴보면서 투자하는 게 현명해 보인다. 비트코인이 디지털 금의 역할을 맡아 미국 증시와 반대로 움직이는 상황이 나타날 수도 있다.

반도체 슈퍼 사이클에 올라타라
반도체 레버리지 ETF

반도체 슈퍼 사이클에 올라타라

반도체 섹터에는 슈퍼 사이클이라는 개념이 있다. 이는 반도체 시장이 특정 섹터의 성장과 맞물려 장기간 강하게 상승하는 것을 뜻한다. 슈퍼 사이클은 대략 4년 간격으로 움직이는데, 장기 호황에 진입하면 2년가량 강한 상승 랠리를 펼친다. 슈퍼 사이클이 지나가면 과도한 공급으로 인한 수요 감소와 경기 침체로 인해 하락 사이클과 맞물리면서 영업 이익이나 생산성이 줄어들게 되는 패턴을 반복한다.

만약 반도체 레버리지 ETF에 관심을 두었으면서도 반도체 사이클을 분석하지 않는다면 고점에서 레버리지를 일으키는 잘못된 선택을 할 수도 있다. 반도체 섹터에서 레버리지를 일으키고 싶다면 반드시 반도체 사이클을 읽어내는 힘을 길러야 한다. 반도체 슈퍼 사이클이 발생하는 이유는 다음과 같이 세 가지 정도로 구분해볼 수 있다.

1. 시대의 패러다임을 바꾸는 기술 혁신(AI, 스마트폰, 자율주행)으로 반도체 수요 급증
2. 자연재해나 지정학적 요인들로 인한 공급망 이슈
3. 스마트폰이나 AI 시장의 성장으로 예측치를 넘어서는 수요 증가

반도체 장기호황이라고 이야기할 수 있었던 시기는 크게 네 번 정도였다. 1990년도 중반의 닷컴버블 시기에는 개인용 컴퓨터(PC) 수요와 인터넷 보급 덕에 첫 번째 슈퍼 사이클을 맞이했다. 그다음, 2000년 중반 본격적으로 인터넷이 대중화되며 서버 투자가 활발히 진행되면서 반도체 장기 호황이 찾아왔다.

세 번째는 2010년 초반 애플에서 발매한 스마트폰 덕에 미국은 최장 기간 상승 랠리를 주도하면서 본격적인 반도체 성장 시대에 접어들었다. 2017년 4차산업으로 구분되는 사물인터넷, 5G 통신 기술 도입, AI로 인해 네 번째 슈퍼 사이클 시대를 맞이하게 된다.

AI 시대가 도래하며 반도체 시장 급성장

반도체 산업은 다른 산업들보다 매우 빠르게 성장해왔다. 한국반도체산업협회에 따르면, AI 반도체 시장은 2027년 1,194억 달러로 수요를 예측했다. 2024년 반도체 시장의 규모는 전년 대비 17% 성장한 6,400억 달러로 추산되며, 2025년 반도체 시장은 11.2% 성장한 6,970억 달러로 전망하고 있다.

반도체 수요는 앞으로도 급성장할까? AI와 연결되면서 그 가능성은 무궁무진해졌다. 현재 AI를 상품에 접목하지 않는 빅테크 기업을 찾아보기 힘들 정도다. 인터넷 초기 보급 과정과 비교해보면,

전 세계 AI 반도체 시장 규모 전망

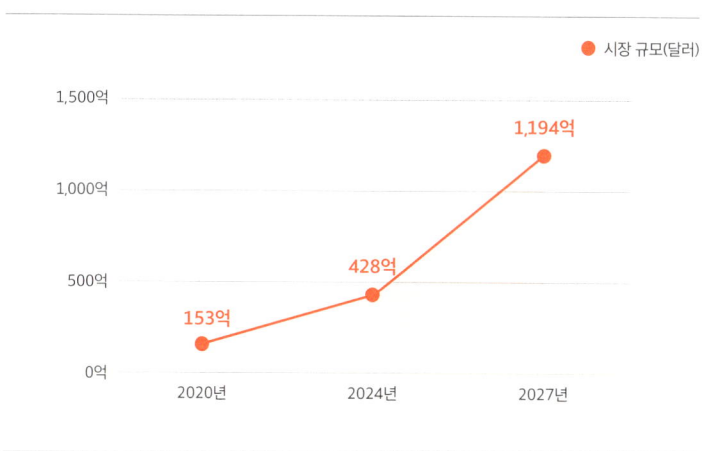

출처: 한국반도체 산업협회, 가트너

과거 인터넷 보급 이후 스마트폰의 연결까지 인터넷은 모든 산업으로 연결되어 급성장할 수 있었다. 현재 AI 섹터는 반도체 칩을 공급하는 엔비디아 및 AMD, TSMC 위주의 기업들로 성장해나가고 있다.

현재는 데이터센터의 기반을 다지고 있는 시기로 분류되고 있다. 추후 AI 보급률과 빅테크 기업들의 AI 분야의 연결이 장기 호황을 만들어낼 수 있을지 주목해봐야 한다. 하지만 과거 인터넷 시대의 기술 발전과 실수요까지 간극이 존재했던 것처럼 AI와 연결된 반도체 섹터의 또 다른 슈퍼 사이클은 각 기업과의 기술 융합으로 인한 생태계가 확장되어 실생활에 이용될 때에야 슈퍼 사이클에 진입할 것으로 예상된다.

미국 반도체를 대표하는 레버리지 ETF

레버리지 상품 중에 디렉시온에서 운용하는 **SOXL**(Direxion Daily Semiconductor Bull 3X Shares) **3배 레버리지 ETF** 상품이 있다. 이는 반도체 필라델피아 반도체 지수를 3배 추종하는 상품이다. 레버리지를 일으키기 위해서는 자산을 통제하고 확률이 높은 투자 지점을 찾아내야 하지만, 충동적으로 3배 레버리지 ETF를 매수했다면,

예기치 못한 하락장이 찾아왔을 때 모든 걸 잃을 수 있다는 걸 명심해야 한다.

2025년 1월 중국 스타트업 기업이 오픈 소스 AI 모델인 딥시크를 출시했다. 기존 빅테크 기업들이 천문학적인 돈을 들여 고사양 GPU를 사용해 AI 모델을 학습시켰다면 딥시크는 메타에서 개발한 최신 AI 모델 라마3에 들어간 비용의 10분의 1 수준으로 AI 모델을 훈련시켰다. 딥시크는 엔비디아가 중국 수출용으로 성능을 낮춰 출시한 H800 칩을 사용했다고 발표했고, 시장은 고사양 GPU가 정말 필요한 것인지, 아직 수익화로 연결되지 않는 시점에서 빅테크 기업을 중심으로 과도한 개발 비용이 들어간 것이 아닌지 의문을 품었다. 곧바로 시장은 AI 공급망에 대한 의문으로 폭락하기 시작했고, AI 산업 수혜주로 분류되는 엔비디아는 17% 하락, AMD도 17% 하락, 마이크론테크놀로지도 11% 급락했다. 이와 관련된 주식으로 구성된 미국 반도체 3배 레버리지 ETF SOXL는 하루 만에 22% 가까이 폭락했다.

중국의 딥시크로 인한 AI 기술은 미국에 대한 도전이다. 미국이 압도적 기술 격차를 뽐내듯 계속해서 버블을 키워나갔을지도 모른다. 엔비디아를 비롯해 반도체 시장이 급락한 이유는 딥시크 때문이 아니라 과도하게 오른 반도체 시장의 버블이 모래톱처럼 뾰족히 솟아 있었기 때문이다. 예측할 수 없는 투자 상황에서 벗어나기 위해서는 정말 지금이 반도체 사이클 흐름상 투자해도 좋은 시점인지, 엔비디아처럼 바닥에서 1,300% 상승한 투자 구간에서 과도하게 레버리지를 일으켜 투자하는 시점인지 스스로 판단할 줄 알아야 한다. 특히 3배 레버리지 ETF의 경우는 버블 구간에서 더욱 취약하므로 투자 비중을 높이기보다 비중을 낮춰 단기 투자로 접근해야 한다.

반도체 지수 레버리지 ETF

USD(ProShares Ultra Semiconductors) ETF는 2007년 1월에 상장된 이후 미국 반도체 업종을 대표하는 2배 레버리지 ETF 상품으로 자리 잡았으며, 프로셰어즈에서 운용하고 있다. USD ETF의 특징은 반도체 산업에 특화된 레버리지 ETF 상품으로 엔비디아(36.68%), 브로드컴(12.06%), AMD(2.18%) 등 글로벌 대형 반도체 기업들로 구성되어 있다. 이런 포트폴리오 구성 전략은 반도체 기업에 공격적으로 투자해 수익화를 원하는 투자자들에게 적합하게 설계되어 있다.

모든 ETF가 그렇듯 USD ETF에도 장단점이 존재하는데 높은 성장성이 기대되는 기업들로 비중이 설계되어 있지만 엔비디아의 비

USD ETF 대표 구성 종목과 과거 수익률

구성 종목

순위	구성 종목
1	엔비디아(NADA)
2	브로드컴(AVGO)
3	BNP
4	AMD
5	Morgan Stanley/Dow Jones US Semiconductors Index TR
6	텍사스 인스트루먼트(TXN)
7	퀄컴(QCOM)
8	어플라이드 머티어리얼즈(AMAT)

과거 수익률

연도	USD 수익률
2013	67.76%
2014	88.83%
2015	-6.8%
2016	75.52%
2017	93.38%
2018	-24.47%
2019	112.30%
2020	63.15%
2021	106.79%
2022	-70.59%
2023	216.43%
2024	119.46%

중이 지나치게 높다는 단점이 공존한다. 3배 레버리지 SOXL의 경우 필라델피아 반도체 지수를 추종하기 때문에 각 기업 비중이 6%를 넘지 않지만, 반도체 2배 추종 USD ETF의 경우는 SOXL ETF와 종목 비중에서 큰 차이점을 보인다. USD ETF의 경우 엔비디아의 성장성이 꺾이면, 수익률이 저조할 수 있는 부분을 염두에 두고 투자해야 한다. USD ETF의 수익률을 살펴보면 2년 이상 과도한 상

승이 발생했다면, 반도체 사이클상 하락이 올 수 있으므로 수익화를 해 다음 투자 시점을 잡아보는 것도 현명해 보인다.

대표적인 반도체 레버리지 ETF

티커	ETF 명	운용사	비용(%)	기초 지수	배수
SOXX	iShares Semiconductors	BlackRock	0.34%	NYSE Semiconductors TR USD	1배
USD	ProShares Ultra Semiconductors	ProShares	0.95%	Dow Jones US Semiconductors TR	2배
SOXL	Direxion Daily Semiconductor Bull 3X Shares	Direxion	0.71%	NYSE Semiconductors TR USD	3배

출처: ETF 체크

대표적인 반도체 인버스 ETF

티커	ETF 명	운용사	비용(%)	기초 지수	배수
SSG	ProShares UltraShort Semiconductors	ProShares	0.94%	Dow Jones US Semiconductors TR	-2배
SOXS	Direxion Daily Semiconductor Bear 3X Shares	Direxion	0.89%	NYSE Semiconductors TR USD	-3배

출처: ETF 체크

피지컬 AI 시대
로봇 및 AI 레버리지 ETF

현재 모든 사업의 핵심이 되고 있으며, 산업계 전반에 걸쳐 혁신을 불러일으키고 있는 업종은 무엇일까? 단연 AI라고 답할 수 있다. AI 혁명은 산업혁명 이상의 혁신을 불러일으켜 각 산업과 융합되고 있다. AI가 융합된 산업 생태계는 산업 자동화에서부터 제조업 혁신, 자율주행, 의료, 미래 트렌드와 맞물려 다양한 산업군에서 두각을 나타낼 것으로 기대된다.

AI와 로봇 시장이 성장할 수밖에 없는 이유는 로봇이 저출생과 고령화로 인한 노동력 부족, 인간이 하기 힘든 노동력을 대치할 수 있기 때문이다. 미국 시장 조사업체인 BCC에 의하면 로봇 시장의 규모는 현재 780억 달러 규모지만 2029년에는 1,650억 달러로 성장할 것으로 전망했다. 현재 엔비디아, 테슬라, 아마존 등 주요 빅

피지컬 AI 시대

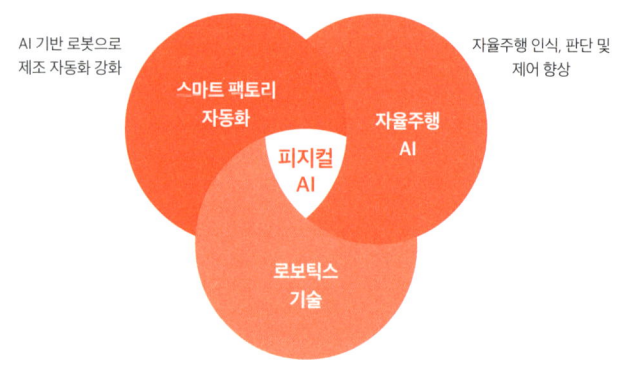

테크들은 앞다투어 휴머노이드 로봇 개발에 투자하고 있다.

테슬라는 자율주행과 로봇 시장의 가능성을 바탕으로 로봇 개발에 집중하고 있다. 2021년에는 옵티머스라는 휴머노이드 로봇을 선보였는데 처음에는 걷기조차 어려웠지만, 최근 공개한 AI 기반 옵티머스 2세대 모델의 경우 기존보다 10kg 가볍고, 보행 속도는 30% 빨라졌다. 인간처럼 달걀을 집고 스쿼트를 하는 등 점점 인류와 비슷하게 진화하고 있다. 테슬라는 2026년 판매용으로 대량생산 계획을 세웠으며, 일론 머스크는 본격적으로 휴머노이드 로봇을 생산할 것이라고 발표했다.

엔비디아의 CEO 젠슨 황은 CES 2025 기조연설에서 생성형 AI

AI 투자 분야

분류	산업 분야
산업용 로봇	공장, 제조 자동화
서비스 로봇	의료, 농업, 물류 등
자율 시스템	드론, 자율주행 차량, 물류 로봇
AI 등 소프트웨어	로봇 운영 지원 기술
부품 제조	로봇 부품(모터, 센서) 제조

다음은 피지컬 AI라고 강조했다. 피지컬 AI는 가상 환경에서의 AI 훈련을 넘어, 물리적 환경에서 실제로 작동하고 학습하는 AI를 의미한다. 이는 로봇, 자율주행, 드론 등이 AI를 활용해 더욱 정교하고 효율적으로 작동할 수 있도록 한다. 젠슨 황의 발언은 전 세계 기업들에 다음 시장의 성장은 피지컬 AI에 있다는 선포와도 같았다. 생성형 AI의 경우 아직 인간의 경험을 학습하는 데 그치고 있고, 이에는 한계가 있으므로 기존의 소프트웨어로 분류되는 AI 시장은 한계를 드러낼 수밖에 없다.

이 부분의 명확한 한계를 알고 있어, 젠슨 황은 피지컬 AI 분야를 성장시켜 AI 혁신을 이어나갈 계획이다. 특히 엔비디아의 야심작 젯슨 토르는 휴머노이드 로봇용 컴퓨터로 2025년에 출시될 예정이다.

로봇 및 AI 레버리지 ETF

UBOT(Direxion Daily Robo AI & Automation Ix Bl 2X Shs) ETF는 인덱스(Indxx Gbl Rbtcs & Artificial Int Thematic NR USD)를 2배 추종하는 ETF다. 대표 기업으로는 엔비디아, 수술 로봇계의 애플로 불리는 인튜이티브 서지컬, ABB Ltd, 화낙 등으로 구성되어 있다. UBOT ETF의 경우 레버리지 ETF임에도 약간의 배당금이 지급되는데 각 분기 마지막 달인 3, 6, 9, 12월 마지막 영업일 기준 분기마다 지급이 이루어지며, 연간 배당금은 0.41%이다. 투자 종목 선정 기준은 다음과 같다.

UBOT ETF 투자 종목 선정 기준
1. 로봇, AI 기술의 도입과 상용화로 이익을 볼 것으로 예상하는 종목에 투자
2. 선진국 시장에 상장되어 있을 것
3. 시가총액 1억 달러 이상
4. 6개월 동안 일 평균 평균 200만 달러 이상 거래
5. 포트폴리오 구성은 1년 단위로 점검 및 조정

로봇 AI ETF에 투자하는 이유는 피지컬 AI 시장의 확장성과 성장성이 기대되기 때문이다. AI와 로봇 관련주에 투자하고 싶지만

어떤 기업이 지금의 엔비디아처럼 뚜렷하게 두각을 나타낼지 예상할 수 없다. 그러므로 개별 주식보다 낮은 수익률은 레버리지를 통해 극복하고 미래의 성장성에 대한 실패를 줄이기 위해 ETF에 투자하기를 권한다. 젠슨 황의 예측처럼 AI와 로봇 분야가 성장한다면 UBOT ETF의 전체 볼륨 또한 커질 것으로 예상되기 때문에 피지컬 AI 분야에 뛰어들고 싶다면 UBOT ETF 투자를 고려해보자.

대표적인 AI 로봇 ETF

티커	ETF 명	운용사	비용(%)	기초 지수	배수
BOTZ	Global X Robotics and Artificial Intelligence	Global X	0.68%	Indxx Gbl Rbtcs & Artificial Int Thematic NR USD	1배
ROBO	ROBO Global Robotics and Automation Index	Exchange	0.95%	ROBO Global Robotics and Automation TR USD	1배
UBOT	Direxion Daily Robo AI & Automation Ix Bl 2X Shs	Direxion	0.95%	Indxx Gbl Rbtcs & Artificial Int Thematic NR USD	2배

출처: ETF 체크

완전자율주행의 시대
전기자동차와 자율주행 레버리지 ETF

전기자동차와 자율주행의 시대

자율주행이 시작되면 운전 중에도 자유를 선사하며, 기업으로서도 시간과 생산비용 절감에서 상당한 도움을 줄 것으로 예상된다. 전기자동차와 자율주행 시장은 테슬라가 주도하고 있으나, 중국 역시 미래 육성 산업으로 전기자동차와 자율주행 산업을 키워가고 있다. 테슬라는 지난 8년간 자율주행 시장의 진출을 꾸준히 약속해왔으며, 수많은 시행착오 끝에 비감독 자율주행 기술에 근접해가고 있다. 일론 머스크는 테슬라의 완전자율주행 소프트웨어 FSD(Full Self Driving)를 이용한 로보(무인)택시 서비스를 출시할 것이라고 밝히며, 미국 프리몬트 공장에서 생산된 전기자동차가 스스로 출고장까지 이동하는 영상을 공개했다. 이는 테슬라가 비감독(Unsupervised) 완전자율주행의 출시를 준비하고 있음을 보여준다.

테슬라 로보택시와 중국의 자율주행 기술력

중국 정부 역시 전기자동차와 자율주행 시장을 성장시키는 데 집중하고 있다. 중국의 AI 기술 역시 미국과 대등한 위치까지 따라오고 있다.

전기자동차와 자율주행 시장이 성장하기 위해서는 규제를 완화하는 정책이 우선되어야 한다. 중국과의 기술 패권 우위를 확보하기 위해서라도 트럼프 행정부 역시 테슬라가 이끄는 전기자동차와 자율주행 산업의 규제를 완화하는 데 도움을 줄 것으로 보인다.

나 홀로 시장을 개척한다고 해서 미래 산업이 성장하는 건 아니다. 국가 차원에서 전폭적으로 지원한 덕에 급성장하고 있는 중국의 전기자동차 및 자율주행 시장과의 경쟁이 필요한 이유다. 각각 국가 차원의 규제 완화 정책으로 이미 무인 트럭과 무인 택시가 4년 전부터 도로를 달리고 있으며 2023년 기준 중국 전역에서 자율주행 테스트 허가를 받은 도로만도 1만 킬로미터가 넘었다. 기술 패권 경쟁은 전기자동차와 자율주행에도 불이 붙으리라 예상해볼 수 있다.

풀어야 할 숙제, 안정성과 규제 완화

자율주행 기술은 시스템이 운전에 관여하는 정도와 운전자가 차를 제어하는 방법에 따라 6단계로 구분한다. 국제자동차기술자협회(SAE International)의 분류 기준에 따르면 레벨 0은 비자동화, 레벨 1은 운전자 보조, 레벨 2는 부분 자동화, 레벨 3은 조건부 자동화, 레벨 4는 고도 자동화, 레벨 5는 완전 자동화로 나뉜다. 현재 시범 운행 중인 로보택시를 제외하면 현재 상용화된 기술은 레벨 3에 가깝다.

자율주행은 시간의 효율화를 개인에게 선사할 것이다. 하지만 안전성이 확보되지 않는다면 자율주행에는 시간이 걸릴 수밖에 없다. 자율주행은 예측할 수 없는 수많은 변수에 대응할 수 있을 정도로 기술이 확보되었을 때 세상에 선보일 수 있다. 기존 운전 시스템에선 운전자가 그 책임을 질 수 있었다. 하지만 자율주행이 세상에 나온다면, 불규칙한 상황에서의 사고는 제조사의 책임이 될 수 있는 만큼 상용화에 신중할 수밖에 없다. 날씨에 따라 변하는 도로 상

자율주행 6단계

*레벨3부터 자율주행차로 분류

	Lv.0	Lv.1	Lv.2	Lv.3	Lv.4	Lv.5
명칭	비자동화 (No Automation)	운전자 보조 (Driver Assistance)	부분 자동화 (Partial Automation)	조건부 자동화 (Conditional Automation)	고도 자동화 (High Automation)	완전 자동화 (Full Automation)
운전 주시	항시 필수	항시 필수	항시 필수 (조향 핸들을 항상 잡고 있어야 함)	시스템 요청 시 (조향 핸들 잡을 필요 X, 비상 시에만 운전자가 운전)	작동 구간 내 불필요 (비상 시에도 시스템이 대응)	전 구간 불필요
자동화 구간	-	특정 구간	특정 구간	특정 구간 (고속도로, 자동차 전용도로 등)	특정 구간	전 구간
예시	사각지대 경고	조향 또는 감가속 중 하나	조향 및 감가속 동시 작동	고속도로 혼잡 구간 주행 지원 시스템	지역(Local) 무인 택시	운전자 없는 완전자율주행

황, 정체 상황, 돌발변수 모두 통제할 수 있는지 아직은 좀 더 검증이 필요하며, 단계별로 자율주행이 가능한 전용 도로의 분류를 통해 점차 시행범위를 확대할 것으로 예상한다.

　전기자동차 시대가 성장한 것만큼 자율주행 시대 또한 반드시 도래할 것이다. 현재 미국은 주별로 나뉘어 있는 자율주행 차량 운행 허가를 연방 차원으로 통합하고자 하고 있으며 트럼프 행정부는 자율주행 차량이 허가만 받으면 미국 전역을 다닐 수 있도록 하겠다는 입장이다. 주 단위 규제가 아닌 연방 차원에서 통합된 규제 정책은 테슬라를 비롯해 전기자동차와 자율주행 시장이 성장할 수 있는 포인트가 될 수 있다.

전기자동차 & 자율주행 레버리지 ETF

EVAV(Direxion Daily Electric & Autonms Vhcls BI 2X She) ETF는 디렉시온에서 운용하는 상품으로 전기자동차와 자율주행 관련 기업들을 2배 추종하고 있다. 구성 종목으로는 테슬라, 자율주행 시장과 차량용 반도체 시장에서 중요한 역할을 하는 퀄컴, 중국 전기자동차 기업인 엑스펑, 리오토를 비롯해 미국 전기자동차 충전소 기업인 차지포인트, EVGO 등이 포함되어 있다.

EVAV ETF는 전기자동차 제조업 및 관련 기술 개발, 인에이블러(Enabler, 충전 토크 또는 배터리와 같은 전기 또는 자율주행 자동차를 위한 인프라를 구축하거나 기술을 만드는 기업), 매출이 50% 이상 발생하는 기업들로 구성되어 있으며 시가총액 5억 달러 이상으로 펀드에서 규정한 유동성 기준에 충족되어야 상품에 포함될 수 있다. 전기자동차와 자율주행 ETF의 경우 규제와 상용화까지의 괴리로 인해 일일 거래량이 많은 편이 아니다. 하지만 앞으로 중국과의 경쟁을 통해 미국 내에서 규제가 완화되는 흐름이 보인다면 투자를 고려해보자.

EVAV ETF 구성 종목

EVAV	구성 종목
1	테슬라(TSLA)
2	세렌스(CRNC)
3	리비안 오토모티브(RIVN)
4	샤오펑 ADR(XPEV)
5	모빌아이 글로벌(MBLY)
6	리오토(LI)
7	니오(NIO)
8	루시드 그룹(LCID)

대표적인 전기자동차 및 자율주행 ETF

티커	ETF 명	운용사	비용(%)	기초 지수	배수
DRIV	Global X Autonomous & Electric Vehicles ETF	Global	0.68%	Solactive X Elec Vehicles USD	1배
IDRV	iShares Self-Driving EV and Tech ETF	BlackRock	0.47%	NYSE FactSet Gbl Atnms Drvng and Elec Vhcl NR USD	1배
EVAV	Direxion Daily Electric & Autonms Vhcls Bl 2X She	Direxion	0.95%	S&P 500 TR	2배

출처: ETF 체크

미래는 기술주 전성시대
매그니피센트 7 레버리지 ETF

FAANG 시대에서 매그니피센트 7 시대로

닷컴버블 시대는 애플 스마트폰의 성장과 함께 2010년 중반 팡(FAANG)이라는 신조어를 탄생시키면서 미국 증시의 상승을 이끌었다. 페이스북(Facebook), 애플(Apple), 아마존(Amazon), 넷플릭스(Netflix), 구글(Google)로 대변되는 시대였다. 당시 대표 기업은 아마존과 넷플릭스였는데 이들은 2010년 중반 미국의 주가지수를 끌고 갈 정도로 영향력이 높았다. 이들 기업의 주가가 등락하면 나스닥 지수가 동시에 요동치는 모습도 볼 수 있었다.

매그니피센트 7(Magnificent 7)이라는 명칭은 1960년대 유명했던 서부 영화 〈황야의 7인〉에서 따왔다. 뱅크오브아메리카의 애널리

매그니피센트 7

	종목
1	애플(Apple)
2	마이크로소프트(Microsoft)
3	알파벳(Alphabet)
4	아마존(Amazon)
5	엔비디아(Nvidia)
6	메타(Meta)
7	테슬라(Tesla)

스트 마이클 하트넷(Michael Hartnett)이 빅테크 기술주 중 최고의 일곱 회사를 지칭하며 유명해졌다. 2022년 이들 기업의 시가총액은 나스닥 100 지수의 30%를 차지할 정도였다.

  이 7개 기업은 기술 혁신과 미래 성장을 이끄는 기업들로 각각의 회사들이 속한 산업군에서 지배적인 위치를 차지하고 있다. 애플은 스마트폰과 하드웨어 시장에서, 마이크로소프트는 클라우드와 소프트웨어 서비스에서, 테슬라는 전기자동차와 에너지 분야에서 핵심적인 역할을 하고 있다. 매그니피센트 7이 중요한 이유는 이들 기업이 단순한 대기업들이 아니라 미래의 산업을 선도하는 기업들이기 때문이다. AI와 융합된 산업군의 성장, 클라우드 컴퓨팅, 전기자동차, 로봇, 반도체, 자율주행, 양자 컴퓨터 등 다양한 미래 산업에서 7개 기업의 혁신은 다음 사이클에서도 주식시장을 끌고 갈 것이다.

매그니피센트 7의 특징

2000년대 초반만 해도 매그니피센트 안에 들어 있던 종목 중 애플, 마이크로소프트, 아마존, 엔비디아의 기업 가치는 합쳐서 2,440억 달러에 불과했지만, 현재 매그니피센트 7개 기업의 총 가치는 15조 4,000억 달러로 성장했다. 특히 애플, 마이크로소프트, 엔비디아가 최초로 시가총액 3조 달러에 도달했다. 전기자동차, AI, 반도체 등의 경우 막대한 투자가 선행되어야 하므로 앞으로도 매그니피센트 7로 대표되는 기업은 꾸준히 성장할 것으로 예상한다. 막대한 기술력과 자본으로 미래 기술을 선점하며 후발주자가 뛰어들지 못하게 경제적 해자(垓子)를 마련해놨기 때문에 미국의 빅테크 전성시대는 한동안 이어질 것이다. 기업 관련 투자 분야는 다음과 같다.

- **애플** 아이폰, 아이패드, 맥북, 에어팟 등의 인기 제품을 생산하고, 애플페이, 애플뮤직, 애플 TV 등의 서비스를 제공하고 있다. 향후 증강현실(AR), AR 글

라스, 헬스케어 분야까지 영역을 넓혀갈 계획이다.

- **마이크로소프트** 기존 윈도, 오피스, 엑스박스 등의 소프트웨어와 하드웨어를 개발하고 클라우드 컴퓨팅 서비스인 애저(Microsoft Azure)를 운영하고 있다. AI, 블록체인, 사물 인터넷(IoT) 분야로 사업을 확장할 것으로 예상한다.
- **알파벳** 구글, 유튜브, 구글플레이, 클라우드 등의 인터넷 서비스를 제공하는 글로벌 기업으로, 앞으로 구글 어시스턴트, 구글 글라스, 웨이모 등 혁신적인 서비스로 사업을 확대할 것으로 예상한다.
- **아마존** 전자상거래, 클라우드 컴퓨팅, 스트리밍 서비스, AI 분야에서 사업을 영위하고 있으며, 아마존 웹서비스, 아마존 프라임 비디오, 아마존 에코, 아마존 키 등의 서비스를 강화할 것으로 예상한다.
- **엔비디아** 그래픽 처리장치(GPU), 시스템 온칩(SoC), 클라우드 컴퓨팅 등을 제공하는 기업으로, 자율주행, 가상현실(VR), AI 분야를 확대해나갈 예정이다.
- **메타** 페이스북, 인스타그램, 왓츠앱, 메신저 등의 소셜 네트워킹 서비스를 제공하는 기업으로, 2023년 10월에 회사명을 페이스북에서 메타로 변경해 메타버스 시장을 선점하려는 계획을 세우고 있다. 메타는 오큘러스 퀘스트, 호라이즌, 리브라 등과 메타버스 관련 서비스를 확장할 것으로 예상한다.
- **테슬라** 전기자동차, 배터리, 태양광 패널, 우주선을 제작하는 글로벌 기업으로, 2024년에는 사이버 트럭을 출시하며 전기자동차 시장에서 독보적인 지위를 유지하고 있다. AI와 연결된 자율주행, 로봇, 스타링크, 스타십 등 미래 기술 분야를 이끌 것으로 기대된다.

매그니피센트 7 레버리지 ETF

ETF는 과일 바구니와 같다. 안전하게 여러 종목을 담아 위험을 줄일 수 있다. 하지만 개별 주식의 상승률을 따라가지 못한다는 단점도 있다. 국내 2차전지 대장주 에코프로의 경우 초창기부터 버블이 터지기 전까지 100배 상승했다. 그러나 같은 기간 2차전지 ETF의 경우 10배 상승을 보였다. 10배의 상승도 훌륭하지만, 내심 수익 측면에서 아쉽게 느낄 수도 있다.

미국에는 개별 주식 레버리지 ETF 또한 상장되어 있지만 국내는 시장이 작아 개별 주식 레버리지 ETF는 존재하지 않는다. 안전한 ETF에 70%를 투자하고 개별 주식의 성장이 더 가파를 것으로 예상된다면, 30%는 개별 주식에 투자할 수도 있다. 미국의 경우 매그니피센트 7 모두 레버리지 ETF 상품으로 상장되어 있어 투자 포트폴리오를 다양화할 수 있다.

애플(Apple) 레버리지 ETF

티커	ETF명	운용사	비용(%)	기초 지수	배수
AAPU	Direxion Daily AAPL Bull 2X Shares	Direxion	0.95%	S&P 500 TR USD	2배
AAPD	Direxion Daily AAPL Bear 2X Shares	Direxion	0.95%	S&P 500 TR USD	-1배

출처: ETF 체크

마이크로소프트(Microsoft) 레버리지 ETF

티커	ETF명	운용사	비용(%)	기초 지수	배수
MSFU	Direxion Daily MSFT Bull 2X Shares	Direxion	0.95%	S&P 500 TR USD	2배
MSFD	Direxion Daily MSFT Bear 1X Shares	Direxion	0.95%	S&P 500 TR USD	-1배

출처: ETF 체크

알파벳(Alphabet) 레버리지 ETF

티커	ETF명	운용사	비용(%)	기초 지수	배수
BABX	GraniteShares 2x Long BABA Daily ETF	Granite Shares	1.15%	S&P 500 TR USD	2배

출처: ETF 체크

아마존(Amazon) 레버리지 ETF

티커	ETF명	운용사	비용(%)	기초 지수	배수
AMZU	Direxion Daily AMZN Bull 2X Shares	Direxion	0.95%	S&P 500 TR USD	2배
AMZD	Direxion Daily AMZN Bear 1X Shares	Direxion	0.95%	S&P 500 TR USD	-1배

출처: ETF 체크

엔비디아(Nvidia) 레버리지 ETF

티커	ETF명	운용사	비용(%)	기초 지수	배수
NVDL	GraniteShares 2x Long NVDA Daily ETF	Granite Shares	1.06%	S&P 500 TR USD	2배
NVDQ	T-Rex 2X Nvidia Daily Target ETF	Tuttle	1.05%	N/A	-2배

출처: ETF 체크

메타(Meta) 레버리지 ETF

티커	ETF명	운용사	비용(%)	기초 지수	배수
FBL	GraniteShares 2x Long META Daily ETF	Granite Shares	1.14%	S&P 500 TR USD	2배

출처: ETF 체크

테슬라(Tesla) 레버리지 ETF

티커	ETF명	운용사	비용(%)	기초 지수	배수
TSLL	Direxion Daily TSLA Bull 2X Shares	Direxion	0.85%	S&P 500 TR USD	2배
TSDD	GraniteShares 2x Short TSLA Daily ETF	Granite Shares	0.95%	N/A	-2배

출처: ETF 체크

5장

안정적으로 돈 불리는 레버리지 ETF TOP 6

LEVERAGE

들어가며

ETF의 장점은 개별 주식처럼 각 요인을 모두 분석하지 않아도 된다는 점이다. 개별 주식의 경우라면, 증시 사이클, 영업이익, 성장성, 재무제표, 내재 위험 등 여러 요소를 분석해서 투자해도 실패할 가능성이 높다. 의외로 비슷한 기업도 많고 추구하는 기술력 또한 다양해서 이를 모두 분석해 투자하기란 불가능에 가깝다. 하지만 ETF는 단순하기 때문에 섹터와 자산, 증시의 전체적인 흐름만 읽은 뒤 방향성을 정해 투자한다면 성공 가능성은 현저하게 높아진다.

과거에는 나 역시 급등하는 개별 주식을 따라다녔다면, 이제는 다양한 자산의 흐름을 읽고 길목에서 기다리며 투자한다. ETF를 공부하고 난 후부터는 마음 편하게 투자할 수 있는 환경으로 변했다. 개별 투자에 쏟는 에너지 효율이 20%라면 ETF에 쏟는 에너지 효율은 70% 이상이다. 그만큼 ETF는 단순하고 흐름을 읽는 눈이 생긴다면 이만큼 쉬운 투자도 없다.

미국 증시는 우상향한다는 믿음이 존재한다.《ETF 사용설명서》에서도 초보 투자자라면 배당금을 주는 미국 지수 ETF를 매달 매수할 것을 조언했다. 세계 증시의 대장은 미국이기에 ETF의 70% 자금이 미국으로 흘러들어간다. 풍부한 유동성 덕에 미국의 우상향에 투자했다가 실패한 투자자는 아직 없다. 초보 투자자의 경우, 지수 ETF나 범위가 정해져 있는 섹터 ETF로 접근하면서 이후 성장 가능성이 큰 ETF으로 투자 영역을 확장해나가면 된다. 결국, 투자는 수익을 내야 성공하는 게임이다.

트럼프 2.0 시대에 상승 랠리를 펼치고 있는 금 또한 전 세계의 미래 전략 자산으로 기능하면서, 투자와 인플레이션 헤지 수단으로 꾸준히 우상향하는 상품 중의 하나다. 채권 ETF는 금리 사이클에 맞춰 움직이기 때문에 고금리 상황일 경우 저금리 기조로 바뀔 때 유리하게 작용할 수 있다. 에너지 ETF 또한 원유 관련 기업들로 구성되어 있다. 원유는 다양한 대외 변수로 인해 가격이 움직이는데 대부분 상단 130달러, 하단 50달러 사이를 오르내린다. 범위가 정해져 있다는 건 유심히 자산을 관찰하다 원하는 가격대가 오면 레버리지 또는 인버스 상품에 투자해도 된다는 의미다.

다양한 ETF 상품을 공부하고 난 뒤 적절한 투자 타이밍을 기다려보자. 가용 자산을 20%씩 나누어 섹터와 자산, 지수 사이클에 맞춰 투자하다 보면 성공 확률은 엄청나게 높아진다.

미국은 배신하지 않는다
지수 레버리지 ETF

2024년 국내 증시는 최악의 한 해를 보냈다. 국내 증시를 대표하는 코스피는 9.64% 하락했고, 중소형주를 대표하는 코스닥은 21.74% 이상 하락했다. 특히 6개월 연속 하락하며 세계 증시에서 나 홀로 경기 침체를 겪었다. 하반기 연속 하락률은 2000년 IT 버블, 2008년 금융위기 이후 역대 세 번째의 기록이었다.

과거 미국의 성장은 한국의 성장과도 같았다. 수출 주도의 산업군으로 세계가 성장하면 국내 증시도 동반 성장하는 게 보편적이었다. 하지만 2024년도에는 미국 증시와 반대로 움직이는 탈동조화 현상이 나타났다.

그 이유로는 첫째, 국내 증시를 대표하는 주도 섹터인 삼성전자와 2차전지 산업의 부진, 둘째, 중국의 디플레이션 상황에서 마구

찍혀 나오는 저가 제품의 물량 공세 및 2차전지 산업, 전기자동차, 반도체 등 국내 주요 섹터와 겹치는 중국의 기술 자립화, 셋째는 탄핵으로 인한 국내 경제의 불확실성을 꼽을 수 있다.

결국 많은 개인 투자자들이 미국 시장으로 선회했다. 미국은 고금리, 강달러 정책을 펼치며 전 세계의 자금을 블랙홀처럼 빨아들였다. 특히 유럽, 일본, 중국, 한국과의 금리 차 때문에 저금리에서 고금리로 돈이 흘러가는 '머니무브' 현상이 발생했다.

이는 미국 달러를 더욱 강하게 만들었고 미국 증시로 들어간 자금은 환차익까지 발생해 미국 증시는 2023년부터 최고의 호황을 누리고 있다.

미국은 기축통화를 바탕으로 세계 경제를 지배하고 있으며, 풍부한 유동성으로 세계적 기업들을 만들어내고 있다. 그 힘을 바탕으로 미국의 3대 지수(다우존스, S&P 500, 나스닥)는 꾸준히 우상향하고 있다.

미국을 대표하는 S&P 500 지수는 연평균 10.8% 정도 성장했다. 장기간 투자 환경에서 90% 이상 손실을 보는 개인과 달리 미국 지수에 투자했다면 연평균 10.8%의 수익률로, 배당금까지 재투자했다면 시간이 지날수록 수익이 배가되는 복리 이익을 얻을 수 있었다.

미국의 3대 지수는 왜 우상향할까

미국은 3대 지수로 구성되어 있다. 첫 번째는 미국 시장의 대표적인 지수 중 하나인 다우존스 산업평균지수(Dow Jones Industrial Average)다. 이는 1896년 찰스 다우와 에드워드 존스에 의해 처음 만들어졌고 미국 시장의 30개 주요 기업 주가를 바탕으로 산출되는 주가지수를 표기한다.

두 번째로는 S&P다. 뉴욕증권거래소(NYSE)에 상장된 기업 중 500개 종목을 선정해 만들었으며 유동성이 풍부하고 규모가 큰 기업 중 평균 시가총액이 85% 이내인 종목이 편입된다. 특히 미국 경제의 전반적인 상황을 파악하는 데 중요한 지표로 활용된다.

세 번째로는 나스닥으로, 대부분 기술 관련 기업으로 이루어져 있으면서 나스닥 증권거래소에서 거래되는 상위 100곳의 회사를 모아 지수화한 것이다. 애플, 아마존, 마이크로소프트, 엔비디아 등이 모두 나스닥 100에 속한 기업들이다. 2025년 2월, 워런 버핏이 이끄는 버크셔 해서웨이(시가총액 10위)를 제외한 9개 기업은 기술주가 차지했다. 앞으로도 기술주 전성시대가 이어질 수밖에 없으며 기술주가 포진해 있는 나스닥은 꾸준히 우상향할 수밖에 없다.

나스닥 상위 종목은 당연히 미국 시장에 상장된 대표 500개 기업에 들어가고 S&P 500 편입 종목 중 핵심 우량주 30개 종목만을 추

S&P 500 지수 분석

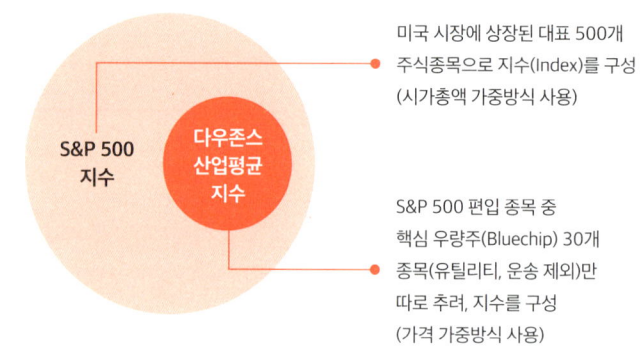

출처: 삼성증권

려 상장한 다우지수 또한 나스닥, S&P 500과 함께 우상향하는 이유다. 현재의 미국은 나스닥을 필두로 한 기술주의 성장이 S&P 500 지수와 다우지수를 우상향하게 만드는 힘이다.

미국의 지수 ETF에 투자하는 이유는 명확하다. 우상향하리라는 믿음 때문이다. 장기간 투자하게 되면 투자자들은 두 가지 변수를 마주하게 된다. 경제 위기와 개별 주식의 하락이다. 개별 주식은 계속해서 우상향하리라는 보장이 없다. 기업은 사람의 세포가 재생하고 사라지듯 탄생했다 도태되어 사라지고 새로 탄생한다. 만약 투자 경험이 적고 자산을 통제할 자신이 없다면, 꾸준히 우상향하고 있는 미국 증시 ETF에 투자하는 것이 마음 편하다.

미국 3대 지수 대표 종목

	나스닥	S&P 500	다우지수
1	애플(AAPL)	애플(AAPL)	골드만삭스(GS)
2	엔비디아(NVDA)	엔비디아(NVDA)	유나이티드 헬스 그룹(UNH)
3	마이크로소프트(MSFT)	마이크로소프트(MSFT)	마이크로소프트(MSFT)
4	아마존닷컴(AMZN)	아마존닷컴(AMZN)	홈디포(HD)
5	메타 플랫폼스(META)	메타 플랫폼스(META)	캐터필러(CAT)
6	브로드컴(AVGO)	테슬라(TSLA)	셔윈-윌리엄즈(SHW)
7	테슬라(TSLA)	알파벳 Class A(GOOGL)	세일즈포즈(CRM)
8	코스트코 홀세일(COST)	브로드컴(AVGO)	비자(V)
9	알파벳 Class A(GOOGL)	알파벳 Class C(GOOGL)	아메리칸 익스프레스(AXP)
10	넷플릭스(NFLX)	버크셔 해서웨이 CLASS B (BRK.B)	맥도날드(MCD)

* 2025년 2월 기준 1배 지수 추종 ETF 투자 비중 TOP 10

예를 들어 갑작스러운 경제 위기가 발생했는데, 위기 직전에 두 종목을 매수했다고 가정해보자. 하나는 나스닥 지수 ETF고, 다른 하나는 개별 주식이었다. 시간이 지나 하락장이 마무리되고 상승장이 시작되었다. 지수는 다시 우상향하기 시작해 마침내 나스닥 지수 ETF는 손실 구간을 넘어서 수익 구간에 접어들었다.

반대로 개별 주식은 하락장의 여파를 고스란히 받았고, 매수한 주식의 산업군은 쇠퇴하고 말았다. 주변 투자자들에게서 흔히 들을 수 있는 경험담 중 하나다.

미국을 대표하는 나스닥 지수

출처: 키움증권 HTS

만약 투자 경험이 미미하고, 시장 사이클이나 섹터 사이클을 읽어내기 힘들다면 지수 ETF에 투자하는 방식을 추천한다. 여기서 수익을 조금 더 극대화하기 위해서는 미국 지수 레버리지 ETF는 어떨까? 미국 지수를 추종하는 대표적인 레버리지 ETF 상품은 다음과 같다.

대표적인 미국 지수 추종 ETF

티커	ETF 명	발행사	비용(%)	기초 지수	배수
QQQ	Invesco QQQ Trust Series 1	Invesco	0.20%	NASDAQ 100 TR	나스닥 1배
QLD	ProShares Ultra QQQ	ProShares	0.95%	NASDAQ 100 TR	나스닥 2배
SPY	SPDR S&P 500 ETF Trust	SSgA	0.09%	S&P 500 TR	S&P 500 1배
SSO	ProShares Ultra S&P 500	ProShares	0.88%	S&P 500 TR	S&P 500 2배
DIA	SPDR Dow Jones Industrial Average ETF Trust	SSgA	0.15%	Dow Jones Industrial Average CR	다우지수 1배
DDM	ProShares Ultra Dow 30	ProShares	0.95%	Dow Jones Industrial Average CR	다우지수 2배

출처: ETF 체크

지수 레버리지 ETF 중에서도 안정을 추구한다면 다우지수 2배 레버리지 DDM ETF를, 미래의 기술력에 승부수를 던지고 싶다면 나스닥 2배 레버리지 QLD ETF를, 안정과 성장을 동시에 추구한다면 S&P 500 지수를 2배로 추종하는 SSO ETF를 고려해보자. 만약 레버리지 ETF에 투자하고 싶지만 불안하다면 1배 추종 지수 ETF 50%, 2배 추종 ETF 50%에 나눠 투자해보자.

인플레이션 헤지 수단

금 레버리지 ETF

인류와 금의 역사

금은 인류가 진화하고 문명을 이루어나가면서 오랫동안 안전한 화폐 수단으로 인정받아왔다. 역사적으로 인류의 성장과 함께 꾸준히 우상향하고 있는 자산이 바로 금이다. 과거 금은 고대(기원전 3000년)부터 귀한 자산으로 사용되어왔으며, 고대 이집트에서는 부와 신성함의 상징이기도 했다. 본격적으로 금이 교환의 수단으로 사용되었던 시기는 기원전 700년경으로 리디아(Lydia, 현재의 튀르키예 지역)에서 금과 은이 혼합된 일렉트럼(Electrum)으로 주조된 동전이 사용되면서부터였다.

금은 이후에도 오랫동안 다양한 국가에서 화폐로 인정받아 물건을 사고파는 데 사용되어왔고, 19세기에는 금본위제도의 영향 아래 지폐가 사용되기 시작했다. 금본위제도는 화폐 가치를 금으로 고정하는 시스템으로 1870년 유럽 국가들이 금본위제도를 채택한 뒤, 금은 세계 금융 시스템의 핵심으로 자리 잡게 되었다.

금에도 단점이 존재했는데 보관이 불편하고, 채굴양에 한계가 있어 모두가 손쉽게 이용하기는 힘들다는 점이었다. 영국을 중심으로 한 금본위제도는 제1차 세계대전 이후 미국으로 패권이 이동하면서 붕괴 조짐이 나타났다. 유럽은 제2차 세계대전의 전쟁 비용과 복구를 위해 미국에 막대한 채무를 지게 된다. 이때 미국으로 금이 몰리기 시작했으며, 제2차 세계대전 후 미국은 전 세계 금의 80%를 보유하게 되었다.

1944년 미국을 포함한 세계 44개국 대표 730명이 미국 뉴햄프셔주 브레턴우즈에 모여 금본위제도를 위한 국가 간 서명을 진행했다. 브레턴우즈 체제에 따라 미국 달러는 금 1온스당 35달러에 고정되고 다른 국가들의 통화들은 달러에 고정하게 됐다. 다른 나라의 통화를 공정 환율 하에 달러로 바꿀 수 있고 달러를 가져가면 금과 바꿔주는 시스템이었다. 브레턴우즈 체제를 실행할 수 있던 이유는 미국이 당시 금 보유액의 80%를 소유하고 있었기 때문이었다. 이후 금은 달러를 대체하는 안전 수단으로 여겨졌고 화폐보다는 인플레이션 헤지 수단으로 이용되고 있다.

금은 왜 오를까

금 값은 왜 계속 오를까. 세 가지 이유를 들어볼 수 있다. 첫 번째로 인플레이션 헤지 수단으로 사용되기 때문이다. 우리 눈에는 보이지 않지만 매년 국가의 GDP 상승분과 함께 자연적으로 물가에도 인플레이션이 발생한다. 상승률은 대략 2% 정도로 보통 임금 물가 및 경제와 맞물려 상승하게 된다.

예를 들어보자. 20년 전에 1억 원의 금액을 통장에 넣어두었다면 현재 가치는 2,000만 원도 되지 않을 것이다. 실물 자산으로는 여전히 1억 원이지만 화폐 가치는 떨어졌기 때문이다. 반대로 금에 투자했다면, 1억 원의 가치를 넘겨 더 큰 수익을 낼 수 있었다. 결국 인플레이션을 이겨내기 위해서는 은행에 돈을 묶어놓기보다, 투자 성향에 따라 위험자산(주식이나 비트코인)에 투자하거나 대표적 안전자산인 금에 투자해야 내 자산을 온전히 지킬 수 있다. 1990년 금 가격은 408달러였으나 현재 2,900달러로 7배 이상 상승했다.

두 번째 전쟁과 같은 위기 상황을 맞으면 금 가격이 오르기 때문이다. 금은 2015년 중반부터 3차 대세 상승이 시작되었다. 인플레이션 헤지 수단으로서의 수요와 2022년 발발한 러시아-우크라이나 전쟁, 이스라엘과 하마스 간의 충돌로 인한 중동전쟁 우려로 안전자산인 금의 수요는 늘어났다. 전쟁에 대한 위험은 역사적으로 금의 수요를 부추기는 요인 중의 하나였다.

세 번째, 패권 국가의 교체도 들 수 있다. 금을 밀어내고 달러의 위치가 세계 화폐의 중심이 된 이유는 단연 미국의 힘에서 나온다. 달러는 금본위제도가 폐지된 이후 엔과 더불어 대표적인 안전자산으로 꼽혀 왔다. 하지만 패권 국가는 언제나 영원하지 않았다. 역사적으로도 스페인, 네덜란드, 영국, 미국으로 세계 패권은 이동해왔고, 그때마다 세계 화폐 시스템 또한 변화했다. 만약 미국이 우리 세대에서 패권 국가의 지위를 잃어버린다면 어떨까? 대공황이 다시 발생할 수도 있다. 이때 금은 달러 시스템에 대한 대체 수단이 나오기까지 고공행진을 하게 될 것이다.

금이 마냥 좋은 것만은 아니다

그렇다고 금이 모든 투자의 답이 되는 것은 아니다. 금 투자에도 단점은 존재하는데 그 첫 번째로 가격 조정을 받는다는 점이다. 금은 상승 사이클이 끝나면 30% 가까이 조정을 받고 쉬다가 다시 우상향하는 패턴을 보여왔다. 모든 자산에 영원한 상승은 존재하지 않는다. 미국 지수 또한 우상향하고 있지만 그 과정에서 크고 작은 조정은 늘 있었다. 만약 금을 장기 투자 관점으로 모아가지 않는다면 단기 고점 신호가 발생할 때 한 발 떨어져 다음 기회를 노려보는 것도 고려해보자.

두 번째, 금은 느리고 천천히 상승한다. 금에 투자하는 목적은 명확하다. 불확실성에 대비하기 위해서다. 금은 어느 자산보다 안전성이 검증되어 있다. 하지만 빠르게 상승하는 투자 수단은 아니다. 2024년에는 여러 위기로 인해 30% 가격이 가까이 상승하기는 했지만 이런 큰 상승이 자주 발생하는 것은 아니다. 금에 투자하고 싶다면 느긋한 마음으로 접근해보자.

세 번째, 보관이 불편하다. 금의 매장량, 유통량은 어느 정도 정해져 있다. 계속해서 채굴되고 있지만 인간이 채굴할 수 있는 금광은 거의 모두 개발되었다고 보아도 무방하다. 금의 희소성은 강점이 되기도 하지만 실질적인 금의 무게와 부피 때문에 이동 수단으로서는 불편함이 존재한다. 각 국가의 중앙은행 역시 금을 보관하고는 있지만 개인 간의 화폐수단으로서 금의 이동은 디지털 시대에서는 불가능에 가깝다. 그러므로 이를 보완하기 위해 주식과 선물, ETF에 투자하는 이유다.

지금은 3차 대세 상승기 진행

인류에게 주기적으로 발생하는 세 가지 사건은 바로 인플레이션, 전쟁, 패권 국가의 이동이다. 지금 우리 삶에서 일어나는 요소 중에는 인플레이션이 있고, 잠재적 위험성은 전쟁과 패권 국가의 이동이다. 인류가 탄생하면서 이 세 가지는 꾸준히 발생했다.

현재 금은 3차 대세 상승기를 지나고 있다. 1980년대 1차 대세 상승기를 거쳐, 2000년대부터 시작된 2차 대세 상승기를 지나 2015년부터 10년 가까이 상승하고 있는 지금이 3차 시기다. 현재 금 가격은 상당히 올라 있기 때문에 공격적으로 투자하기보다 신

금 가격

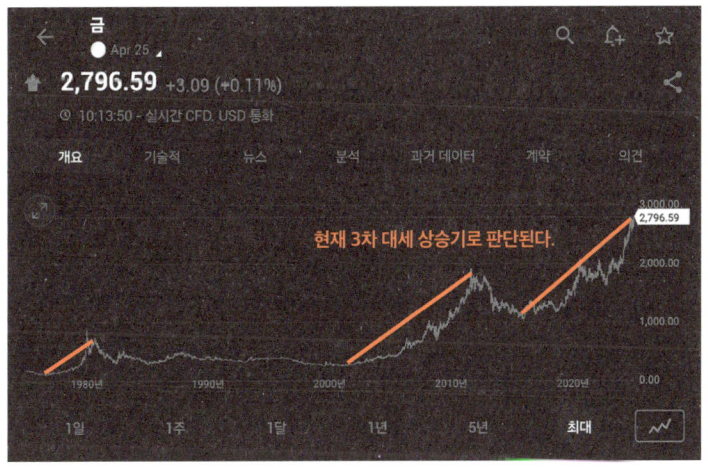

출처: investing.com

중히 접근해보자. 금 투자는 자산을 100% 투자하는 개념이 아니라, 불확실성에 대비해 10%에서 20%의 정도의 자산으로 보유하는 전략이 좋아 보인다.

금 레버리지 ETF

2015년부터 이어져 온 10년간의 긴 3차 대세 상승기 시기, 인플레이션과 전쟁이 금 가격을 끌어올리는 요소로 작용했다. 2025년 트럼프 2기 행정부가 들어서면서 금 가격은 다시금 전고점을 넘어 3,000달러를 향해 나아가고 있다. 트럼프 정권의 관세 정책과 이민자 추방 정책은 물가와 인건비를 자극해 인플레이션을 추가로 상승시킬 위험 요인으로 꼽힌다.

트럼프 행정부는 영토 패권 야욕을 숨김없이 드러내고 있는데, 캐나다를 미국의 51번째 주로 편입하자는 주장과 덴마크 자치령인 그린란드를 사들이겠다는 발언도 서슴지 않는다. 1999년도에 넘긴 파나마 운하권도 다시 가져와야 한다며 갈등을 조장하고 있다. 전 세계를 위협하는 일들이 생길 때마다 금 가격은 영향을 받는다. 그럼 금 ETF로는 무엇이 있을까.

UGL(ProShares Ultra Gold) ETF는 프로셰어즈에서 2008년 1월

에 상장해 운용하는 상품으로 금 선물 가격은 수익률 2배를 추종하게끔 설계되었다. UGL의 운용 수수료는 0.96%로 레버리지 ETF의 특성상 다소 높은 편이다. 인버스 상품 역시 프로셰어즈에서 운용 중인 금 선물 가격 하락에 2배를 추종하게끔 설계된 GLL(ProShares UltraShort Gold) ETF가 있다. 금 가격이 너무 가파르게 올랐다고 생각된다면 금 하락에 투자하는 인버스도 고려해볼 만하다.

금 ETF

티커	ETF 명	운용사	비용(%)	기초 지수	배수
UGL	ProShares Ultra Gold	ProShares	0.96%	Bloomberg Gold TR	2배
GLL	ProShares UltraShort Gold	ProShares	0.98%	Bloomberg Gold TR	-2배

출처: ETF 체크

금 사이클과 함께 하는 은

금이 오르면 따라 올라가는 자산이 하나 더 있다. 바로 은이다. 금의 대세 상승 기간에는 은 가격 또한 동반 상승했다. 하지만 은은 금에 비교하면 희소성이 떨어지기 때문에 금만큼 우상향하지는 않는다.

은이 금보다 저렴한 이유는 몇 가지가 있다. 첫 번째로, 금과 은의 매장량의 차이에서 발생한다. 상대적으로 금이 더 희귀한 금속으로 취급된다. 두 번째, 수요와 공급의 차이에 따라 금의 희소성은 모든 수요를 충족시켜주지 못하기 때문에 공급 부족으로 가격이 상승하는 현상이 나타난다. 반대로 은은 공급이 원활한 편이다. 세 번째, 금은 주로 보석 및 투자 용도로 사용되지만, 은은 전기, 전자, 의료, 산업재료 등에 사용된다. 네 번째, 저장과 운송 비용에서 차이가 발생한다.

추가로 은 가격에는 독특한 특징이 있는데 금의 사이클과 맞물리기는 하지만 오를 때 더 크게 오른다는 것이다. 다만 금의 상승 사이클이 끝나면 은 가격은 폭락한다. 만약 은에 투자하고 싶다면

은 가격

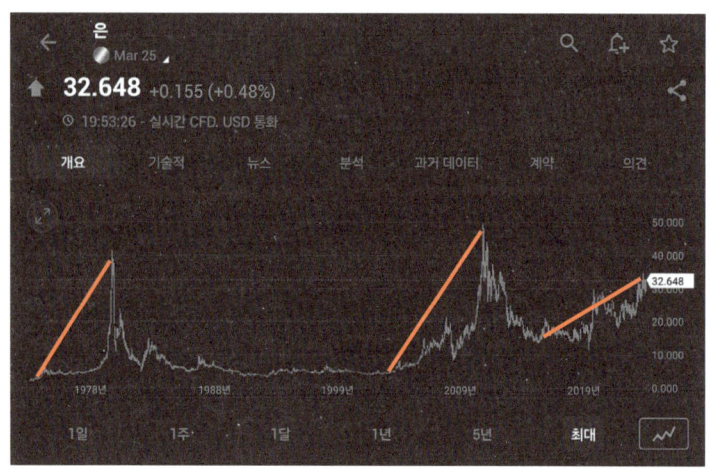

출처: investing.com

금 가격 추이를 확인하며 투자해야 한다. 은 가격의 상승 사이클은 금과 같지만, 우상향하지 않는다는 걸 확인할 수 있다. 금의 상승 사이클이 끝나면 하락의 폭도 크기 때문에 주의해야 한다.

은 레버리지 ETF

AGQ ETF(ProShares Ultra Silver) ETF는 프로셰어즈에서 운용 중이며 은 선물 가격의 2배 수익률을 추종하게끔 설계되어 있다. 반대로 ZSL(ProShares UltraShort Silver ETF) ETF는 AGQ와 반대로 은 선물 가격이 하락하게 되면 2배의 수익률을 추종하게끔 설계되어 있다. 은 레버리지 ETF에 투자하기 위해서는 금 가격의 추세를 함께 확인하자.

대표적인 은 관련 ETF

티커	ETF 명	운용사	비용(%)	기초 지수	배수
AGQ	ProShares Ultra Silver	ProShares	0.98%	Bloomberg Silver TR	2배
ZSL	ProShares UltraShort Silver	ProShares	1.08%	Bloomberg Silver TR	-2배

출처: ETF 체크

금리 사이클에 맞춰 수익 내는
채권 레버리지 ETF

　채권은 정부, 공공기관, 기업이 자금을 조달하기 위해 발행하는 일종의 차용증서다. 발행자는 투자자들에게 정기적으로 이자를 지급하고 만기 때 상환하기 때문에 다른 투자처에 비해 안전하다고 평가된다.

　발행하는 주체가 만기까지 망하지 않는다면 이자와 만기 후 원금을 회수할 수 있다. 채권의 종류에 따라 다음과 같이 나눌 수 있다. 안정성이 높은 미국의 채권 투자도 같이 살펴보자.

채권의 종류

채권 종류	발행 주체	특징
국채	국가	신용도가 가장 높음
지방채	지방자치단체	비교적 안정적
특수채	공공기관	국고채와 유사한 안전성 제공
금융채	은행 등 금융기관	금융기관이 발행
회사채	기업	신용등급에 따라 수익률과 위험이 다양함

채권 등급

채권 신용등급	등급	평가
투자 등급	AAA	상환 능력 최고 수준
투자 등급	AA	상환 능력 매우 우수
투자 등급	A	상환 능력 우수
투자 등급	BBB	상환 능력 양호
투자 등급	BB	당장 문제없지만 불안정
투자 등급	B	상환 능력 부족
투기 등급	CCC	채무 불이행 가능성 있음
투기 등급	CC	채무 불이행 가능성 큼
투기 등급	C	채무 불이행 가능성 매우 큼
투기 등급	D	상황 불능 상태

채권 투자의 장점

1. 고정된 이자 수익과 만기 보유 시 원금 상환으로 인해 안정을 추구하는 투자자에게 적합하다.
2. 주식과의 상관관계가 낮아 포트폴리오 구성 시 위험을 분산할 수 있다.
3. 금리 예측이 가능한 시기에는 채권 투자에 적극적으로 활용할 수 있다. 금리와 채권은 반비례 관계라고 생각하면 된다.

채권 투자의 단점

1. 금리가 상승하면 채권 가격이 내려갈 수 있다. 특히 장기채권은 크게 영향을 받는다.
2. 장기 투자 시 환율 변동 위험을 무시할 수 없다. 환율이 높을 때 투자하면, 차후 환율이 떨어질 때 환 손실을 볼 수 있다.
3. 채권의 가장 큰 단점은 주식보다 수익률이 낮다는 점이다. 국내에서 가장 많이 투자하는 투자 상품이 미국 국채 3배 레버리지 TMF ETF다. 낮은 수익에 대한 아쉬움을 레버리지를 통해 해소하는 투자자들이 있다는 반증이다.

금리 인하 예상 시 채권 가격이 상승하는 이유

금리 인하가 예상되면 채권 가격이 오르는 현상이 발생한다. 예를 들어, 금리가 3%에서 0.25% 인하해 2.75%가 되면 이후 새로 발행되는 채권 금리는 2.75% 낮아진다. 이 경우 기존의 3% 이자 지급 채권 수익률이 더 높아 시장에서는 금리 인하 전 발행한 채권이 더 높은 가격에 거래된다. 가장 만기가 긴 30년물 장기채권은 듀레이션(채권의 금리 변화에 대한 민감도)이 길어 금리 변화에 더 큰 영향을 받는다.

1년 단기 채권의 금리가 0.25% 하락하면, 채권 가격이 0.25%의 변화를 반영해 약간만 오르지만, 30년 장기채권은(0.25%×30년=7.5%)로 30배의 이득을 보기 때문에 7.5%에서 약 30% 할인된 5% 정도의 웃돈이 붙어 거래된다. 당연히 단기채권보다 장기채권의 가격 상승 폭이 크다. 이런 이유로 금리 하락이 예상된다면 단기채권보다 장기채권 투자가 유리하다.

반대로 금리가 상승하면 장기채권은 평가 손실을 크게 볼 수 있다. 미국이 큰 폭으로 기준금리를 인하할 것으로 예상하고 일찌감치 미국 장기채권 ETF를 매수했던 투자자들은 크게 고전했다. 금리 인하 하락 폭이 기대에 못 미치고 있고, 트럼프 행정부가 출범하면서 인플레이션에 대한 우려로 인해 오히려 금리 동결 또는 상황에 따라 금리 인상을 해야 할 수도 있기 때문이다.

고금리 상황에서 연방준비은행이 맞닥뜨린 딜레마

2025년 1월 트럼프 2기 행정부는 관세 정책을 펼치면서 보조금을 폐지하고 있다. 미국의 국채 이자 지출이 급등했기 때문이다. 현재 미국의 채권이자 지출은 연방정부 수입의 17.9%에 달한다. 이는 30년 내 최고 이자 지급 비율로 미국이 한 해 지출하는 국방비와 메디케어 지출 비용을 초과한 규모다. 쉽게 말해 직장인이 월급을 받자마자 17.9%가 은행의 이자로 빠져나가는 것과 같다.

왜 이렇게 채권 이자 비중이 높아졌을까? 코로나19 시기 경기 침체를 막기 위해 대규모 국채를 발행했는데 이후 인플레이션으로 인해 고금리 정책이 지속됐기 때문이다. 미국 의회 싱크탱크 예산조사국에 따르면, 2025년 이자 지출이 정부 수입의 20.2%나 될 것으로 예상했는데 이는 미국의 재정 건전성 악화를 우려시키는 요인이다.

트럼프 2기 행정부는 부채 문제를 해결하기 위해 세금 인상, 지출 감소, 부채 조정, 금리 인하 정책 등을 다양하게 펼치고 있지만 워낙 다양하고 복잡하게 얽혀 있어 해결이 쉽지 않아 보인다. 정권

초기인 만큼 적극적인 부양정책을 펼쳐야 하지만, 부채로 인해 공격적으로 정책을 펼칠 수 있는 여건이 마련되어 있지 않다. 결국 연방준비은행의 금리를 인하해 고금리 상황에서 빠져나오고 싶어 한다.

인플레이션 상황은 그리 녹록지 않다. 금리를 빠르게 인하한다면 아직 잡히지 않은 인플레이션을 다시 촉발할 수 있다. 관세 정책과 이민자 추방 정책 또한 인플레이션을 자극하는 요인으로 작용한다. 이러한 상황에서 자칫 금리 인하를 단행했다 인플레이션이 다시 재발한다면, 금리 인하보다 오히려 금리 인상을 해야 하는 상황이 만들어질 수 있기 때문이다. 금리 인상은 미국 정부나 투자자들도 원하지 않지만, 고금리 상황에서 미국 또한 계속 버틸 수 없는 상황이다.

- **미국의 채무 상황** 트럼프 2기 정부는 금리 인하 정책 원함 → 채권 상승
- **트럼프 2기 정책** 인플레이션을 자극할 경우 금리 인상 빌미 제공(연준은 딜레마에 빠짐) → 채권 하락

채권 레버리지 ETF

UBT(ProShares Ultra 20+Year Tresury) ETF는 20년물 국채 수익률의 2배를 추종하게끔 설계한 상품으로 프로셰어즈에서 운영 중이다. 국내 투자자들의 투자 비중이 압도적으로 높은 상품 중 하나다. 국채 수익은 미국의 금리 사이클에 맞춰 느리게 움직이기 때문에 수익률에 대한 아쉬움을 3배 레버리지를 통해 안정성과 수익성을 노리고자 했지만 위험성 또한 크기 때문에 2배 레버리지 ETF에 투자하길 권고한다. 2배 채권 레버리지 또한, 위험성이 없다고는 할 수 없지만 자산을 통제하고 레버리지 타이밍에 맞춰 투자한다면 확률 높은 투자를 이어갈 수 있다. 하지만 3배 레버리지 ETF의 경우 큰 손실이 발생할 수 있으므로 투자를 할 경우 자산의 20% 내에서 투자해보자.

현재 2008년의 금융위기부터 코로나19 시기까지 이어온 저금리 사이클이 마무리되고 금리 상승 시기에 접어들었다. 여기에 한 가지 변수가 존재한다. 바로 인플레이션이다. 미국 정부는 금리 인하를 원하고 있지만, 인플레이션 재발 시 오히려 금리를 올려야 하는 상황이 발생할 수도 있다.

UBT ETF 차트를 보면 2024년 미국이 금리 인하를 진행했음에도, 2025년에는 금리 동결로 방향을 선회하자 채권 ETF의 가격은

20년 이상 미국 채권 2배 프로세어즈 ETF

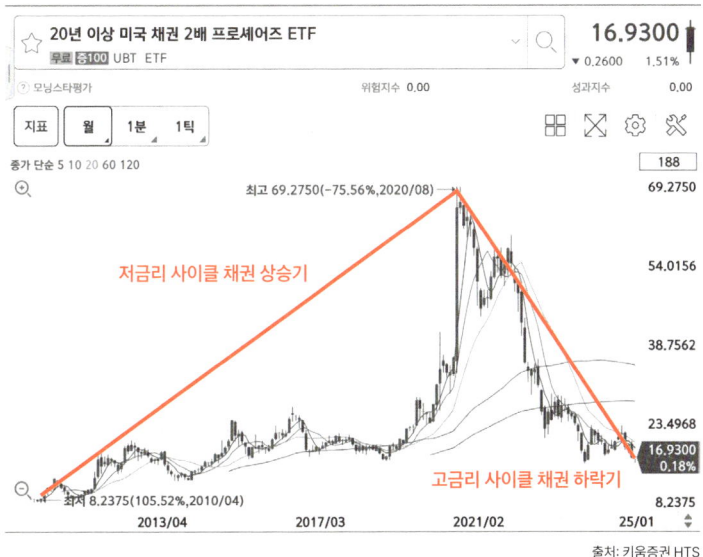

출처: 키움증권 HTS

다시 하락했다. 이는 금리 인하에 대한 기대감보다는 인플레이션 재발로 금리 인상이 염려되기 때문으로 풀이된다. 고금리 상황이라 채권에 투자하기 매력적인 구간인 건 틀림없지만 변수가 존재하기 때문에 분할 매수하는 전략도 고려해볼 만하다.

배당금까지 4% 이상 지급되니 금리 인상 사이클 고점에서 하락 사이클에 예상되는 채권 투자는 매력적으로 다가온다.

대표적인 미국 채권 ETF

티커	특징	운용보수	배당주기	배당률	배수
IEF	미국 중기채(7년~10년)	0.15%	월	3.59%	1배
TLT	미국 장기채(20년 이상)	0.15%	월	4.25%	1배
EDV	미국 장기채(20년 이상~30년)	0.05%	분기	4.62%	1배
TLTW	미국 장기채 커버드콜	0.20%	월	14.31%	1배
UBT	미국 장기채 2배 레버리지	0.94%	분기	4.41%	2배
TMF	미국 장기채 3배 레버리지	0.89%	분기	4.19%	3배

출처: ETF 체크

* **커버드콜**: 주식과 옵션을 동시에 거래하는 것으로, 투자 상품 상승 시 콜옵션(상승)을 행사해 수익을 주주에게 환원하는 방식으로 채권에 투자하는 상품 가격이 상승하더라도 콜옵션 ETF의 경우 상승분을 반납해 배당금을 주기 때문에 상승분에 대한 수익은 일정 부분 포기해야 한다.

채권 가격은 금리와 반비례 관계에 있다. 금리가 하락하면 고금리 채권의 가치가 상승하고, 반대로 금리가 상승하면 채권 가격은 하락한다.
- 금리 상승기: 채권 가격 하락
- 금리 하락기: 채권 가격 상승

경기 침체에도 수익 내는
에너지 레버리지 ETF

경기 침체 사이클과 같이 움직이는 에너지 섹터

원유 분야에 투자할 경우 많은 변수가 발생하기에 사실상 원유 가격을 정확히 예측하는 것은 불가능하다. 하지만 경기 침체가 진행되면 원유 소비가 급감하면서 원유 가격도 급락한다. 반대로 원유 가격이 급격하게 하락한다면 경기 침체가 진행되고 있다고 추측할 수 있다. 오히려 이때 원유를 투자할 적기가 될 수 있다.

경기 침체가 오면 왜 원유 수요가 급감할까? 세계 경제가 호황일 때는 몸속에 혈액이 빠르게 돌듯 공장 가동이 늘고, 전기 수요도 크게 늘게 된다. 전기의 대부분은 석유를 사용하는데 수요가 줄었다는 것은 전기 수요가 줄었다는 것을 의미하기 때문이다. 에너지가 가장 많이 쓰이는 지점은 생산품을 이동시키는 배, 기차, 자동차 등의 운송 수단인데 물동량이 줄어들며 에너지 수요는 줄어들게 된다.

하지만 에너지 수요의 변동성이 경기 침체로만 정해지는 것은 아니다. 산유국에서의 감산, 전쟁과 같은 지정학적 리스크가 발생해 에너지 공급에 문제가 생긴다면 원유 가격이 급락하거나 급증하는 현상이 발생하기도 한다. 다만 과거 중동전쟁과 같은 지정학적 위험을 제외하고는 원유 가격은 경기 침체 시 크게 하락했다. 요약하면 다음과 같다.

경기 침체 → 수요 감소 → 물동량 감소 → 에너지 수요 급감
경기 호황 → 수요 증가 → 물동량 증가 → 에너지 수요 증가

에너지 ETF에 투자하는 이유

에너지 ETF 투자는 에너지의 사용 범위가 정해져 있으므로 초보 투자자에게 적합한 투자 방법 중 하나다. 에너지를 대표하는 원유는 영원히 상승하지도 않고 끊임없이 하락하지도 않는다. 달러

WTI 원유 가격

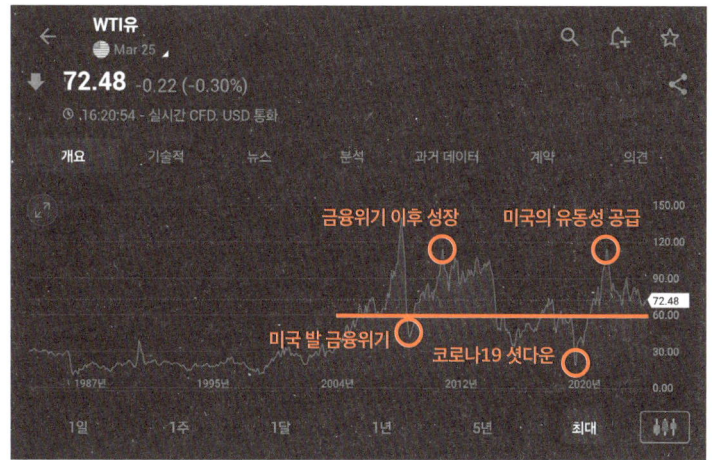

출처: investing.com

나 엔과 같이 어느 정도 가격 범위가 정해져 있어 급락하거나 급등하면 투자 기회가 찾아왔다고 볼 수 있다. 지정학적 위험(전쟁)이나 호황기 때 에너지 섹터는 급등한다. 반대로 경기 침체나 원유의 과잉 생산으로 인해 가격이 급락할 때가 찾아온다.

WTI 차트에서 확인할 수 있듯 원유는 하단 50달러, 상단 100달러를 기준으로 상승과 하락을 반복한다. 특히 2008년 금융위기로 인해 경기 침체가 가속되었을 때 원유 수요가 급감했고 증시와 함께 단기간에 36달러까지 하락했다. 이후 경기 침체를 벗어나며 다시 100달러까지 상승했다. 그 이후 코로나19 시기 전 세계가 셧다운되면서 단기간에 가장 빠른 경기 침체가 발생했다. 당시 원유 가격은 16달러까지 하락했음에도 셧다운으로 인해 원유 수요가 0에 근접하면서 보관 비용보다 원유 가격이 낮아지자 선물업자들의 투매가 발생했다. 다행히 연방준비은행이 빠르게 대처해 원유 가격은 120달러 가까이 상승했다.

에너지 레버리지 ETF

DIG(ProShares Ultra Energy) ETF는 미국의 원유 및 가스 기업의 2배 레버리지 상품으로 프로셰어즈에서 2007년부터 운영 중이다. DIG ETF는 분기별로 2.86%의 배당금을 지급하고 있다. 이 ETF에 포함된 대표적 기업으로는 엑손모빌(XOM), 쉐브론(CVX), 필립스(PSX), 리소시스(EOG) 등이 있다.

에너지 섹터의 하락에 베팅하는 ERY(Direxion Daily Energy Bear 2x Shares) ETF는 에너지 섹터 하락 시 2배의 수익률을 추종하며 디렉시온에서 운용 중이다. 이 상품은 DIG ETF와 마찬가지로 분기별로 4.54%의 배당금을 지급한다.

WTI 원유 차트와 DIG ETF를 비교해보면 원유 차트와 ETF 차트가 비슷한 흐름을 보이는 것을 확인할 수 있다. DIG ETF의 경우 대부분 원유 관련 기업으로 포트폴리오가 구성되어 있기 때문이

미국 에너지 2배 프로셰어즈 ETF

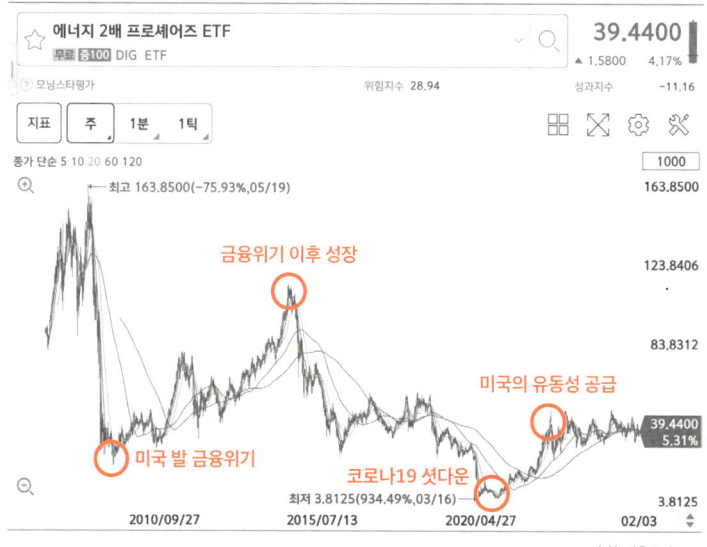

출처: 키움증권 HTS

* 미국 에너지 레버리지 ETF는 WTI 원유 가격과 같은 흐름으로 움직이기 때문에 WTI 원유 가격이 100달러 이상이라면 인버스 상품을, 50달러 이하라면 레버리지 상품을 고려해보자.

다. 원유의 흐름에 맞춰 100달러 이상으로 올라가면 인버스 상품에 투자하고 50달러 아래로 내려간다면 레버리지 상품을 모아가는 전략을 펼쳐볼 수 있다.

세계적으로 큰 위기가 발생한다면 그 위기가 해소되는 시점을 매수 시기로 잡아보자. 위기 상황까지도 포함해서 관심 있게 지켜보면 기회가 온다.

원유 가격 100달러 이상 → 에너지 인버스 ETF

원유 가격 50달러 이하 → 에너지 레버리지 ETF

대표적인 에너지 레버리지 ETF

티커	ETF 명	운용사	비용(%)	기초 지수	배수
DIG	ProShares Ultra Energy	ProShares	0.95%	Energy Select Sector USD	2배
ERY	Direxion Daily Energy Bear 2x Shares	Direxion	0.95%	Energy Select Sector Index	-2배

출처: ETF 체크

3배 레버리지 투자 타이밍

**나스닥 3배 레버리지 TQQQ,
나스닥 3배 인버스 SQQQ**

나스닥 시장의 흐름

나스닥(National Assoication of Securities Automated Quotation, NASDAQ)은 벤처기업으로 구성된 미국의 장외시장을 말한다. 자본력이 부족한 비상장 벤처기업들이 낮은 이율로 자금을 조달하는 창구로 활용하고 있으며, 비상장이기 때문에 투자자로서는 자본금이나 경영 기법, 그동안의 실적을 확인하는 데 있어 위험이 존재한다. 그러나 투자에 성공한다면 높은 이익을 얻을 수 있다는 이점도 있다. 나스닥에 속한 대표 기업으로는 메타, 테슬라, 애플, 인텔, 마이크로소프트 등의 첨단 정보통신 업체들도 있다. 나스닥은 미국은 물론 전 세계 첨단기술 산업체들의 활동 기반이 되고 있으며, 이와 비슷한 유형으로 일본에는 자스닥(JASDAQ), 우리나라에는 코스닥(KOSDAQ)이 있다. 앞으로도 기술 혁신의 시대가 펼쳐지기 때문에 나스닥을 중심으로 미국 증시는 꾸준히 우상향하리라 예상된다.

장점이 있으면 단점이 있듯이 나스닥의 급격한 성장은 증시 조정기에 더 큰 하락률을 보인다. 이 과정에서 변동성이 커지기 때문에 나스닥 3배 레버리지 ETF의 경우 아주 신중히 투자해야 한다. 이 책에서 소개하는 ETF는 대부분 2배 레버리지 상품에 초점이 맞춰져 있지만 여기서는 국내에서 가장 많이 투자하는 3배 레버리지 상품인 나스닥 상승에 3배를 추종하는 TQQQ, 나스닥 하락 시 3배 수익을 추종하는 SQQQ에 대해서도 다뤄보고자 한다.

레버리지 타이밍

투자에는 레버리지 타이밍이 존재한다. 투자에 성공한 사람들은 레버리지 타이밍을 찾아낼 수 있는 능력이 있다. 레버리지 타이밍이란 경제 사이클, 섹터 사이클, 자산 사이클이 움직이는 과정에서 경제 위기로 인해 가격이 현저히 낮아졌거나, 자산 가격이 충분히 낮아졌을 경우 하락에 대한 공포를 이겨내고 위험을 감수하면서 수익 극대화를 노리는 타이밍을 의미한다.

기업의 경우 성장하기 위해서 투자는 필수적이다. 초창기에는 자본금이 넉넉하지 않기 때문에 돈을 빌려야 한다. 기업 입장에서도 레버리지 타이밍을 살펴봐야 한다. 저금리에 빌리는 것이 기업으로서도 유리하다. 저금리 상황에서 개발 중인 상품에 성공 가능성이 있다면 충분히 레버리지를 일으켜 도전할 수 있게 된다.

개인 투자자라면 증시가 버블 구간에서 폭락해 충분히 저평가 되어 있는지를 살필 수 있다. 원유나, 환율, 채권과 같이 경제와 자산 사이클에 의해서 자신이 예상한 저점이나 고점에 도달해 있는지를 살펴보고 데이터를 종합해 충분히 레버리지 타이밍에 도달했다고 판단이 섰을 때 투자에 임하면 된다.

3배 레버리지 투자의 장단점과 주의사항

3배 레버리지 ETF 중 개인 투자자들이 가장 선호하는 상품들로는 나스닥 3배 레버리지 TQQQ, 채권 3배 레버리지 TMF, 반도체 3배 레버리지 SOXL ETF 등이 있다. 3배 레버리지 ETF의 장점이자 단점은 **수익도 화끈하지만, 손실도 화끈하다**는 점이다.

은행에 가서 돈을 빌리기 위해서는 담보가 필요하다. 신용이나 자산을 담보로 레버리지를 일으킬 수 있다. 하지만 레버리지 상품의 경우 신용이나 미수와 다르게 상품 자체에 빚을 내어 투자하는 구조로 설계되어 있기 때문에 돈을 빌려 투자하는 것과 같은 효과와 발생한다. 실제 2025년 1월 양자 컴퓨터 시장이 급등하자 3배 레버리지 상품에 개인 투자자들이 대거 뛰어들었다. 레버리지 타이밍으로 보아 투자하지 말아야 할 구간에 뛰어들었기 때문에 그 대가는 혹독했다.

국내 시장의 경우 상승과 하락 폭이 30%로 제한되어 있다. 하지만 미국의 경우 제약이 없다. 양자 컴퓨터를 대표하는 아이온큐의 경우 7달러에서 4달간 54달러까지 급등했다. 단기간에 무려 8배가량 상승한 것이다. 양자 컴퓨터 3배 레버리지 ETF의 경우, 젠슨 황이 30년 이내에 상용화하기 힘들다는 발언을 한 이후 장중 40% 넘게 하락하자 3배 레버리지 ETF는 33%의 3배인 99%의 하락률을 넘어서며 상장폐지되었다. 상장폐지 원인으로 젠슨 황의 발언을 꼽는 사람도 있지만 사실상 실적과 동반되지 않은 버블에 대한 의심이 젠슨 황의 발언으로 터진 것뿐이다.

3배 레버리지 ETF에 투자한다면 자산의 20%를 넘기지 않길 권유한다. 주위에 과시하듯 3배 레버리지 ETF에 투자하고 있다고 말하는 투자자들을 관찰해보면 경제 공부 없이 대중에 휩쓸려 투자하는 경우가 대부분이다. 한두 번은 성공할 수 있을지 모르지만 모든 것을 거는 투자자는 순식간에 모든 것을 잃을 수도 있다.

나스닥 3배 레버리지 ETF와 3배 인버스 ETF

TQQQ(ProShares UltraPro QQQ) ETF는 프로셰어즈에서 운용하는 상품으로, 나스닥 100지수의 일일 변동성을 3배로 추종하는 레버리지 ETF 상품이다. 즉, 나스닥 100(미국 상위 기술주 100개 기업)을 담고 있으며, 지수가 1% 상승 시 TQQQ는 3% 상승하게 설계되었다. TQQQ의 경우 2020년 3월 코로나19 당시 8달러까지 하락했지만, 이후 무려 90달러까지 상승하며 수익률이 1,000%가 넘었다. 반대로 SQQQ(ProShares UltraPro Short QQQ) ETF는 TQQQ와 반대로 나스닥 지수가 1% 하락 시 3% 수익이 나게끔 설계되어 있으며, 코로나19 당시 나스닥 지수는 고점 대비 30% 하락했을 때 SQQQ의 경우 150달러에서 340달러까지 오르며 2배가량 상승했다.

투자 격언 중 '나스닥의 하락에 베팅하지 마라'는 격언이 있다. 주식은 상승하려는 경향이 강하나. 한 번 상승 사이클에 들어가면 2년에서 3년간 꾸준히 우상향한다. 하락장의 경우 6개월에서 1년 안에 대부분 마무리된 근래에는 30% 하락 선에서 마무리되고 상승으로 돌아섰다. 하락에 초점을 맞춰 투자하기보다 나스닥의 경우 상승에 초점을 맞춰 투자하는 것이 바람직하며, 과도한 버블이 발생한다면 SQQQ 투자를 고려해보자.

TQQQ의 경우 고점에서 레버리지를 일으킨다면 나스닥이 33%

TQQQ 레버리지 3배 프로셰어즈 ETF

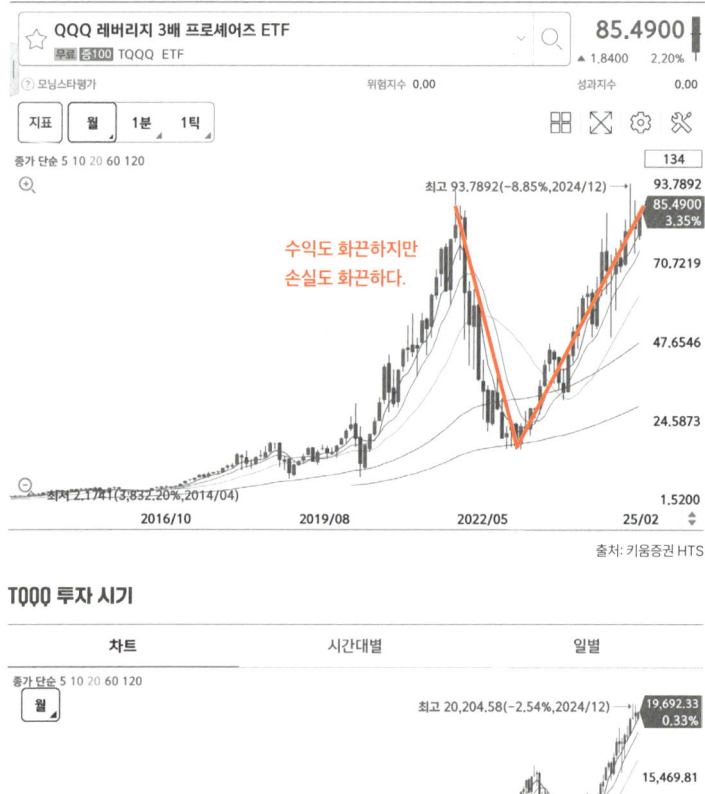

TQQQ 투자 시기

출처: 키움증권 HTS

* TQQQ는 나스닥에 조정이 발생해 월봉 120선(동그라미 표시)에 도달할 경우 투자를 고려해보자.

TQQQ 투자 시기

출처: 키움증권 HTS

* 나스닥의 경우 상승 사이클에 들어가면 일정한 고점과 저점을 만들며 상승 추세를 이어간다. 이러한 추세는 코로나19 시기에도 나타났다. 추세선을 기준으로 동그라미 표시에 도달하면 매수하고, 추세선 상단에 도달하면 매도하는 전략을 짜보자.

하락할 경우 자산은 0으로 수렴할 수 있다. 그러므로 수익 극대화 전략을 펼치기 위해서는 월봉 60일선 근처에 도달한다면 분할 매수를 통해 다음 상승 사이클에 큰 수익을 노려볼 수 있다. 단, 버블의 크기나 경쟁 위기의 재료를 살피며 투자 적기를 잡아보자. 증시는 버블의 크기만큼 하락률 또한 가파르다.

닷컴버블 당시 증시는 급격히 치솟았고 하락률은 고점 대비 70% 하락했다. 2008년 리먼 브러더스 당시에도 고점 대비 50% 하락했다. 코로나19 때도 고점 대비 35% 하락률을 보이며 8달러까지 도달했다. 이후 연방준비은행의 양적 완화와 저금리 정책으로 유동성이 공급되자 90달러까지 상승한 때도 있으므로 3배 레버리지 ETF의 경우 1차 월봉 60일선을 기준으로 살펴보고, 버블의 크기와 경제 위기의 재료를 살펴보며 투자 적기를 잡아보자.

SQQQ 투자 타이밍

SQQQ의 경우 상승이 하락보다 길기 때문에 하락 타이밍을 맞추기란 여간 어려운 게 아니다. 주식은 악재라고 생각할 때 호재로 바뀌고 호재라 생각할 때 악재로 반영되기 때문에 하락에 대한 명확한 기준을 잡기는 불가능하다. 또한 상승 사이클 중에는 대중의 욕망에 따라 메가 버블이 발생할 수 있으므로 자칫 버블 구간이라 판단해 SQQQ를 매입했다면 자산의 상승만큼 큰 실망을 할 수 있다.

SQQQ에 투자하고 싶다면 자산의 20% 안에서 시도해보자. 2025년 2월, S&P 500 기준 주가수익비율(PER)은 25에 도달해 있다. 이는 닷컴버블 시기의 PER과 같으며 코로나19로 인한 버블이 발생하던 시기의 PER 22 이후 세 번째로 높은 수치다. 확실히 높은 밸류에이션 구간이라는 지표가 나온다면 일부분만 헤지 전략으로 투자해보자.

다양한 글로벌 환경
선진국과 신흥국 레버리지 ETF

미국의 ETF 시장은 다른 국가에 비해 특히 발달해 있다. 전 세계 ETF 시장의 75%를 차지하고 있고, 투자 자금의 50%가 ETF 시장에서 거래되고 있다. 미국의 ETF 시장은 개별 주식과 동등한 위치에서 꾸준히 성장해왔다. 미국에는 세계적 기업들로 이루어진 ETF뿐만 아니라, 다양한 국가에 투자할 수 있는 글로벌 ETF들이 상장되어 있다. 미국 내 기업뿐만 아니라 전 세계 선진국과 신흥국에 포함된 나라의 ETF 상품을 통해 직접 투자할 수 있다.

국내에도 다양한 국가에 투자할 수 있는 상품들이 존재하지만 거래량이 적고 관심도가 떨어져 ETF 시장에서 소외되어 있다. 거래량이 적고 유동성 공급이 원활하지 않다면 상장폐지 요건에 포함될 수 있으니 글로벌 ETF의 경우 국내에 투자하기보다 ETF 시장 규모가 큰 미국에 직접 투자하는 방식을 추천한다.

> **국내 ETF 상장폐지의 조건**
> - ETF 순자산총액이 일정 규모(50억 원) 아래로 떨어진 채로 1개월 유지
> - 유동성 공급자(LP)의 역할이 심각할 정도의 수준일 경우

중국 레버리지 CHAU ETF

CHAU ETF는 중국의 대형주로 이루어진 SCI 300 인덱스(Index)를 2배로 추종하는 상품이다. 한국에 코스피와 코스닥이 있고 미국에 뉴욕증권거래소와 나스닥이 존재하듯 중국에는 크게 홍콩, 상하이, 선전에 주식시장이 있다. CSI 300의 산출 기관인 차이나 시큐리티스 인덱스 컴퍼니(China Securities Index Company)는 홍콩증권거래소에 상장된 중국 기업들은 제외하고 상하이 거래소(SSE), 심천 거래소(SZSE)에 상장된 기업들로 구성되어 있다. 홍콩에 상장된 주식은 포함돼 있지 않기 때문에, 중국의 대표적인 우량주인 텐센트, 알리바바, 샤오미 등은 포함되어 있지 않다.

CHAU ETF에서 가장 비중이 높은 기업은 우리에게 잘 알려진

대표적인 중국 레버리지 ETF

티커	ETF명	운용사	비용(%)	기초 지수	배수
CHAU	Direxion Daily CSI 300 China A Share Bull 2X	Direxion	0.89%	CSI 300 Index CNY	2배
XPP	ProShares Ultra FTSE China 50	ProShare	0.94%	FTSE China 50 TR	2배

출처: ETF 체크

마이타이주를 생산하는 마이타오이며, 두 번째는 2차전지 배터리 생산기업 콜트(CATL), 태양광 산업을 하는 론지솔라, 전기차 제조업체 비야디(BYD) 등 중국을 대표하는 기업들로 구성되어 있다. 현재 디렉시온에서 운용 중이며, 운용보수는 0.89%이다. CHAU ETF의 경우 연 2.19% 배당금을 지급하고 있다.

기술 패권에 도전하는 중국

과거 중국은 세계의 공장 역할을 하며 1990년대부터 2000년 후반까지 세계 경제를 성장시켜왔다. 중국은 값싼 임금으로 전 세계 공장을 불러들였고, 풍부한 노동력을 바탕으로 고성장을 이루었다. 세계는 중국의 성장률에 촉각을 곤두세웠고 G2라 부르며 미국을 넘보는 위치까지 부상하게 되었다. 하지만 이후 저출생으로 인한 노동력 감소, 임금 상승, 과도한 부동산 개발로 인해 경기 침체에 빠졌고, 이를 놓치지 않은 미국의 견제와 규제 속에 고전해왔다.

미국은 중국에 큰 실수를 하게 된다. 미국은 각종 규제로 중국을 몰아세웠지만, 오히려 극한의 한계는 중국의 가능성을 끌어올리는 빌미를 제공해주었다. 중국은 디플레이션 국면에서 미국의 규제를 이겨내기 위해 과감한 변화를 주었다. 시진핑 주석은 미국과의 경쟁에서 승리하기 위해서는 기술 패권을 가져와야 한다며, 과학기술 자강론을 내세웠다. 즉각 각종 규제를 풀고 국가 차원에서 대대적으로 지원을 한 덕에 기술력은 급속도로 발전해 나갔으며, 반도체 자립, 전기자동차 완성, 전기자동차 배터리 제조, 태양광 분야에서 이미 큰 성과를 이루었다. AI, 자율주행, 로봇, 양자 컴퓨터 분야에서도 미국과 대등한 위치로 올라섰다는 평가다.

최근에는 AI 딥시크 출현으로 인해 AI와 로봇 시장까지 급성장하며, 2025년 투자자들은 고평가된 미국에서 빠져나와 중국으로 대거 자금이 몰리고 있다. 중국이 기술 패권에 도전할 수 있는 위치까지 올라온 것이 아니냐는 희망 섞인 목소리까지 나오고 있다. 이제 중국은 과거의 중국이 아닌 기술 주도의 혁신 중국으로 바뀌고 있다.

경기 침체에서 벗어난 일본

인류 역사상 가장 큰 버블로 기억되는 지점은 일본 거품 경제(Japanes asset price bubble) 시기였다. 2021년 일본의 GDP는 5조 달러였는데 1994년 당시 일본의 GDP 또한 5조 달러였다. 1995년 일본의 GDP는 미국의 72.6%, 아시아 국가 전체의 GDP를 합친 것보다 컸다. 일본의 버블은 미국의 GDP를 넘볼 정도였다. 그러나 곧 거품으로 쌓아올린 자산은 붕괴를 맞이했다. 1,500조 엔의 자산이 사라졌다.

이후 일본은 저성장에 늪에 빠져 '잃어버린 30년'을 겪으며 장기간 경기 침체(디플레이션)를 겪어야 했다. 자연 인플레이션인 2% 만큼도 상승하지 못했다. 오랫동안 물가, 임금, 성장 모두 멈춰 있었다. 닛케이 지수 역시 1989년 고점을 찍고 나서 2024년 2월이 돼서야 다시 고점을 경신할 수 있었다. 당시 세계 50대 기업 중 33개 기업이 일본 기업이었다. 특히 20위 내로는 일본 기업이 16개나 위치에 있었다.

그러나 2023년 1월부터 이어진 미국의 상승 사이클 기간 동안 일본의 닛케이 지수도 우상향하며, 거품 경제 당시 고점을 돌파하는 모습을 보였다. 이는 장기간 경기 침체에서 벗어나 일본 경제가 살아나고 있다는 신호로 읽힌다. 세계적으로 인플레이션 상황은 반갑지 않지만, 장기간 경기 침체에 있던 일본에 있어 인플레이션 상황은 경제가 살아나고 있다는 방증이기 때문에 유일하게 전 세계에서 인플레이션을 반겼다. 버크셔 해서웨이는 미국 기업들이 고평가되어 있다고 판단한 뒤 일본의 5대 종합상사에 투자하게 된다.

이들 기업은 일본 경제에서 핵심적인 역할을 하는 대형 종합상사로, 에너지, 자원, 소비재, 금융, 물류 등 다양한 산업에서 활동하고 있다. 버핏이 일본의 회사를 선택한 이유는 글로벌 공급망을 장악한 기업들이며, 안정적인 성장 가능성과 큰 배당률 지급이 매력적이기 때문이다.

일본 5대 종합상사
- 미쓰비시 상사
- 미쓰이 물산
- 이토추 상사
- 스미토모 상사
- 마루베니 상사

일본 레버리지 EZJ ETF

미국에 상장된 EZJ(ProShares Ultra MSCI Japan) ETF는 일본에 투자할 수 있는 레버리지 상품이다. 일본 대형주 및 중형주로 구성되어 있으며 MSCI 일본 지수 일간 수익률의 2배를 제공하도록 설계되었다. 섹터 비중으로는 산업재와 IT의 비중이 높으며 우리에게 잘 알려진 도요타자동차, 소니, 도쿄 일렉트론, 다이이치 산쿄 등으로 구성되어 있다.

EZJ ETF는 프로셰어즈에서 운용 중이며, 수수료가 1.12%로 타 레버리지 상품 중에 높은 편에 속한다. 1년 동안 상품을 보유할 경우 1.12%의 운용보수가 차감되기 때문에 높은 운용보수를 고려해 투자해야 한다. 운용보수가 비싸다고 느껴지면 한국에 상장된 **ACE 일본 TOPIX 레버리지 ETF** 상품을 고려해보자. 운용보수는 EZJ ETF보다 저렴한 0.50%이다. EZJ ETF의 배당금은 분기별로 지급되며 연 1.99% 수준이다.

대표적인 일본 레버리지 ETF

티커	ETF명	운용사	비용(%)	기초 지수	배수
EZJ	ProShares Ultra MSCI Japan	ProShare	0.95	MSCI Japan GR USD	2배

출처: ETF 체크

EZJ ETF 구성 종목

비중 순위	회사명	분야	운용비중
1	도요타자동차	자동차 제조	4.86%
2	소니 그룹	가정용 전자제품	3.24%
3	키엔스	전기부품 및 장비	2.62%
4	미쓰비시 UFJ 파이낸스 그룹	은행업	2.41%
5	도쿄 일렉트론	반도체 장비	1.83%
6	신에츠 화학	화학 산업	1.72%
7	미쓰비시 상사	산업용 제품도매	1.70%
8	다이이치 산쿄	제약	1.67%
9	히타치	소비재	1.66%
10	미쓰이 스미토모 파이낸셜 그룹	은행업	1.60%

유럽 레버리지 UPV ETF

유럽 증시는 미국과 함께 우상향 중이다. 하지만 유럽 전체를 들여다보면 경기 침체 구간에 들어서 있다. 2023년 10월 유로존 중앙은행의 기준금리는 4.5%였지만, 현재는 금리 인하 기조 속에 2.9%까지 내렸다. 유럽은 경기 침체를 막기 위해 대한민국과 마찬가지로 안간힘을 쓰고 있다.

UPV(ProShares Ultra FTSE Europe) ETF는 FTSE 유럽 올캡 지수

(유럽 국가의 대형주, 중형주, 소형주를 구성해 만든 지수)의 두 배 수익률을 추종하도록 설계한 상품이다. 영국, 스위스, 프랑스를 포함한 선진 유럽 시장의 대기업과 중소기업을 중심으로 구성되어 있다. 프로셰어즈에서 운용 중이며 연 2.25%의 배당금을 지급하고 있다. 만약 유럽 기업에 대한 투자를 고민하고 있다면 각국을 대표하는 기업들, 세계에서 활약하는 기업들로 묶여 있는 UPV ETF를 고려해볼 수 있다. UPV ETF의 대표적 기업으로는 스위스에 본사를 두고 있는 네슬레, 다국적 제약회사 노바티스, 세계적 보험회사 알리안츠 등이 있다.

UPV ETF 구성 종목 및 유럽 국가 투자 비중

국가	비중	종목	비중
영국	22.21%	SAP SE	2.45%
스위스	15.05%	ASML Holding NV	2.36%
프랑스	14.77%	Novo Nordisk AS Class B	2.11%
독일	12.48%	Nestlé SA	1.77%
네덜란드	8.14%	Roche Holding AG	1.76%
스웨덴	5.67%	Novartis	1.69%
덴마크	5.65%	Siemens AG	1.29%
이탈리아	4.18%	Schneider Electric SE	1.09%
스페인	4.12%	Allianz SE	1.03%
핀란드	1.66%	Sanofi SA	0.97%

대표적 유럽 기업

- **SAP SE** 1972년 독일 만하임에서 IBM 출신의 엔지니어 5인이 설립한 회사로 업무용 애플리케이션 소프트웨어 분야 시장 점유율은 전 세계에서 가장 크다. 독일 시가총액 1위 기업이다.
- **ASML 홀딩** 반도체 제조용 광학 노광 공정 장치를 만드는 네덜란드의 다국적 기업이다. 극자외선(EUV) 노광 장치를 독점하는 기업으로 널리 알려져 있다.
- **노보 노디스크(Novo Nordisk)** 덴마크의 다국적 제약사로 당뇨병 약물 및 기기 등의 의약품과 서비스를 제조하고 마케팅한다. 직원 수는 세계적으로 5만 명 이상이며 168개국에서 제품을 마케팅한다.
- **네슬레(Nestlé)** 스위스에 본사를 두고 있는 전 세계 1위 식품 기업이다. 대한민국에서는 네슬레퓨어라이프를 풀무원샘물(주)에서 생산해 판매하고 있다. 세계 최대의 식품 회사다.
- **노바티스 인터내셔널 AG(Novartis International AG)** 스위스 바젤에 본사를 둔 다국적 제약회사다. 1996년 스위스에서 가장 큰 두 개의 제약 의료업체인 시바-가이기(Ciba-Geigy)와 산도즈(Sandoz)의 합병을 통해 설립되었으며, 세계 최대의 제약회사로 꼽힌다.
- **알리안츠(Allianz)** 독일의 보험, 금융 서비스 기업이다. 생명보험, 화재보험, 산업재해보험, 기업보험, 개인보험, 자산 관리 서비스를 운영하고 있으며 세계에서 규모가 큰 보험사 중 하나다.

대표적인 유럽 레버리지 ETF

티커	ETF명	운용사	비용(%)	기초 지수	배수
UPV	ProShares Ultra FTSE Europe	ProShare	0.95	FTSE Developed Europe All Cap Net Tax TR	2배

출처: ETF 체크

이머징마켓 레버리지 EET ETF

EET ETF는 MSCI(Morgan Stanley Capital International)가 작성하는 세계 주가지수로서 주로 선진국 주식시장에 상장된 종목으로 구성되어 있다. 전 세계 기관 투자자들이 운용하는 펀드의 벤치마크 지수로 활용되기 때문에 MSCI 선진지수에 편입되면 일반적으로 글로벌 자금 유입액이 크게 증가한다. EET ETF는 하루 동안 MSCI 신흥시장지수 수익률의 2배를 추종하도록 설계되어 있으며, EET ETF에 투자하는 것은 신흥국을 대표하는 글로벌 기업에 투자하는 것과 같다.

그 외 다우지수를 두 배로 추종하는 DDW ETF, 유럽을 대표하는 기업으로 구성된 UPV ETF도 있다. 대표적 기업으로 알리바바, 삼성전자, 샤오미, 비야디 등 신흥국 글로벌 회사들이 포함되어 있다. EET ETF의 또 다른 장점은 연 3.55%의 배당을 분기마다 지급한다는 점이다.

EEE ETF 종목 구성

종목	비중
텐센트	5.13%
알리바바 그룹 홀딩스	3.52%
삼성전자	2.31%
HDFC BANK LTD	1.37%
메이투안디앤핑	1.36%
샤오미 그룹	1.3%
프로셰어즈 울트라 반도체(USD)	1.16%
RELIANCE INDUSTRIES LTD	1.04%
건설은행	1.03%
핀둬둬	1.02%

대표적인 이머징마켓 ETF

티커	ETF명	운용사	비용(%)	기초 지수	배수
EET	ProShares Advisors LCC	ProShare	0.95%	MSCI EM(Emerging Markets) NR USD	2배

출처: ETF 체크

대표적인 글로벌 선진국 및 신흥국 ETF

지역	2X	3X	-2X	-3X
중국	CHAU XPP	YINN	FXP	YANG
유럽	UPV	EURL	EPV	
일본	EZJ	JPNL	EWV	
대한민국		KORU		
인도		INDL		
이머징 마켓	EET	EDC	EEV	EDZ

6장

부자 아빠의 레버리지 투자 공식

LEVERAGE

딱 1억 원만 모읍시다

70만 명 이상의 구독자를 보유한 김경필(유튜버 돈쭐남)은《딱 1억만 모읍시다》라는 도서를 바탕으로 '월급쟁이 부자 만들기 1억 챌린지 프로젝트'를 선보였다. 물론 1억 원이 투자의 최종 목표는 아니다. 투자를 위한 최소한의 자금이 필요한데 1억 원을 1차 목표로 삼아야 한다는 것이다.

복리 효과를 누리려면 1억 원의 금액은 필요하다. 레버리지를 효율적으로 일으킨다면 1억 원은 곧 2억 원이 되고, 2억 원은 4억 원으로, 4억 원은 8억 원으로 불어난다. 나 또한 1억 원이 기준이 되어야 한다고 강조한다. 그렇다면 1억 원을 기점으로 레버리지를 성공시키기 위해서는 어떠한 과정이 필요할까?

1. 1억 원을 목표로 설정하고 기록하라.

　기록하지 않는 목표는 이루기 힘들다. 이루더라도 원하는 기간과 상당히 멀어질 수 있다. 어떤 방식으로 1억 원에 도달할 수 있는지 계획을 적어야 한다. 투자 실력이 부족하다면 자신의 시간과 에너지를 충분히 활용해야 한다. 회사에서 받은 월급을 최대한 저축하고, 주말 아르바이트나 다른 추가 소득을 얻을 수 있는 방향도 적극적으로 모색해야 한다. 불필요하게 쓰는 소비를 줄이는 것도 중요하다. 투자 실력이 갖춰지지 않은 상태에서 1억 원을 가장 빠르게 모으는 방법은 시간과 에너지를 투여하는 것뿐이다.

2. 1억 원을 모으는 동안 공부를 해야 한다.

　1억 원은 마지노선이다. 복리로 자산을 불리기 위한 최소한의 자금이다. 투자 실력이 부족하다면, 투 트랙 전략을 펼쳐야 한다. 1억 원을 모으는 동안 경제 공부를 시작해야 한다. 하루 10분씩, 경제 공부를 시작해보자. 숏츠나 SNS를 보는 대신 경제 요약 유튜버를 찾아보자. 처음에는 어렵게 느껴지겠지만 매일 듣다 보면 경제 흐름이 보인다. 남들에게 설명할 정도로 말이 트이면 기록하자. 기록하면 체화되고 레버리지를 일으켜 투자해야 할 시점이 보인다.

3. 시뮬레이션 투자를 시작하라.

나는 작은 성취연구소를 만들었고, 이곳에서 한 달에 한 번 경제 흐름을 읽는 연습을 한다. 그때마다 꼭 강조하는 말이 있다. "한 주라도 사서 여러 자산에 투자해보세요! 단 1만 원이 1억 원이라는 마음으로 투자해야 합니다." 내가 산 자산을 꾸준하게 추적해보자. 직접 해보는 것과 해보지 않는 건 투자 실력에서 크게 차이 난다. 주요 계좌는 그대로 두고 추가 계좌를 만든 다음 이곳에서 여러 자산을 투자해보자. 내가 투자한 ETF가 경제의 상승 사이클과 하락 사이클에 어떻게 반응하는지 몸소 경험해봐야 한다. 한 주라도 사서 관찰한다면 자연스럽게 관심을 두게 되고 경제 흐름과 연동되어 움직이는 자산의 흐름을 이해할 수 있다.

4. 시간과 에너지의 흐름을 바꾸자.

1억 원을 모으기까지 내가 가진 시간과 에너지를 돈과 교환했다면, 이제는 불필요하게 소비되는 시간과 에너지를 레버리지하는 데 소비해야 한다. 레버리지를 시작할 준비가 되었다면, 자신의 시간과 에너지가 소중하다는 것을 알아야 한다. 자신의 시간과 에너지를 자산을 불리는 데 집중해야 한다. 1억 원을 모으는 동안에는 아끼는 데 집중했다면, 이제는 공부하고 시장의 흐름을 읽어내 레버리지에 적합한 투자 시점을 찾아내는 데 에너지와 시간을 집중해야 한다. 노동으로만 돈을 버는 구조에서 벗어나 추가 가치 창출 수단이 없을까를 고민해야 한다. 가령 꾸준히 글을 써 책을 내고 강연을 하는 방식도 생각해볼 수 있다.

5. 목표를 수정하라.

1억 원을 모으고, 꾸준히 공부를 통해 실력이 향상되었고 불필요한 에너지를 성장과 레버리지하기 위한 조건에 집중시켰다면, 이제는 목표를 높게 잡아보자. 1억 원은 레버리지를 일으키기 위한 준비 자금이다. 충분한 준비가 되었다면, 이제는 나를 믿어보자. 성공한 내가 서 있는 지점을 매일 생각해보자. 목표를 높게 정해두면 그 목표에 도달하지 못하더라도 근사치에 도달하는 효과를 가져온다. 높은 목표는 낮은 수준의 사고를 높은 수준의 사고로 변화를 시켜주고 에너지의 흐름 또한 바뀌게 해준다.

직장인들에게 목표가 무엇인지 물어보면 승진을 통해 50만 원의 추가 소득을 만드는 일이라고 이야기한다. 승진과 추가 월급도 중요하다. 그러나 추가 소득인 월 50만 원으로 삶이 나아질까? 진급이라는 목표를 설정하면 1년을 진급에 초점을 맞춰 모든 에너지를 집중할 수밖에 없다. 반대로 1억 원을 모으는 시점에서 '20년 뒤에 50억 원'이라는 목표를 세운다면, 1차 진급을 해서 월급 체계를 올리는 데 40%의 에너지를 쏟고 20년 뒤에 어떠한 방법으로 50억 원을 모을지 구체적 계획 투자 시뮬레이션을 하며 사고하게 된다.

나머지 60%의 에너지는 경제 공부에 몰두하고 레버리지를 통해 어떠한 방법으로 도달한 것인지 고민하고 계획을 세우게 된다. 이 둘의 차이가 레버리지 당하는 삶과 레버리지 하는 삶으로 나뉘게 되는 결정적 차이가 된다.

1억 원을 모으기까지 허용되는 시간과 에너지 소비 패턴

1. 직급을 올리는 데 시간과 에너지를 충분히 사용한다.
2. 다이어리를 만들고 불필요하게 쓰이는 소비를 점검한다.
3. 충동적인 소비는 자제한다.
4. 인터넷 검색을 통해 싸게 살 수 있다면 시간을 들여도 좋다.
5. 부가적인 수입을 얻기 위해 노동력을 투입해도 좋다.

레버리지를 시작한 후, 사용해야 할 시간과 에너지 소비 패턴

1. 글을 쓰고 기록하며 내 가치를 올리는 데 소비한다.
2. 조금이라도 싸게 사기 위한 인터넷 서핑은 자제한다(30분 이상은 쓰지 않는다).
3. 과도하게 아끼기 위한 소비는 피한다.
4. 회사 진급을 위해 모든 에너지를 쓰기보다 50 대 50의 패턴으로 삶의 방향을 바꿔본다.
5. 배우고 공부하는 데 시간을 할애한다.
6. 남을 응원하는 시간을 줄인다(과도한 스포츠 경기 시청이나 넷플릭스 시청).
7. 조금 비싸더라도 시간을 줄일 수 있다면, 그 수단을 이용해도 좋다.
8. 과도한 인맥 관리는 피한다.
9. 꾸준한 경제 공부는 필수다.

경제 흐름을 읽는 눈을 키우자

레버리지를 하기 위해서 꾸준한 공부는 필수다. 경제 공부를 게을리하는 부자가 있을까? 경제 흐름을 모르는데 레버리지를 일으켜 부자가 된 사람이 있을까? 공부를 게을리하고, 투자 과정을 기록하지 않는다면 아마도 당신은 남의 성공한 모습만 맹목적으로 좇고 있을 가능성이 높다.

성공의 해답은 책에 있다. 서점의 경제 경영 코너에 가면 성공한 부자들이 자신의 성공담을 자세히 기록해놓았다. 경제 관련 책을 도서관에서 빌려 정독해보자. 수많은 노하우뿐 아니라 내가 지금까지 겪었던 실패와 성공담이 기록되어 있다. 처음부터 성공한 사람은 없다. 부자는 실패를 실패로 인식하지 않는다. 실패도 경험의 일부분이라 여기면서 일단 시작하고, 실수를 보완하며 완성된 나를 만들어가는 과정이 필요하다.

레버리지 투자를 하면서 실패한 사람도 많이 봐왔다. 그들에게는 몇 가지 특징이 있다. 첫 번째로 이들은 공부를 하지 않는다. 경제를 모르고 투자에 임한다. 지금이 경제의 상승 사이클 초입인지, 하락 사이클인지, 버블이 생기고 있는 시점인지를 구분해 레버리지를 일으켜야 하지만, 이들은 대중에 휩쓸려 버블 구간에서 무리한 투자를 하고 실패했다. 실패의 오류를 줄이기 위해서 꾸준한 공부가 필요한 이유다.

두 번째로, 인간에게는 애정편향이 존재한다. 초보 투자자에게 많이 나타나는 현상 중 하나로 좋아하는 대상의 좋은 면만 보려 하는 습성이다. 자신이 관심을 둔 특정 사람, 물건, 행동을 무조건 선호하게 된다. 모든 사물이나 사람에는 양면이 존재하다. 장점이 있으면 단점이 반드시 존재하지만, 좋아하는 것만 보려고 노력한다면 단점은 보이지 않게 된다. 주식을 매입할 때도 기회 요인과 위험 요인이 공존한다. 하지만 과도한 애정편향 속에서 위험 요인은 고려하지 않은 채 기회 요인만을 머릿속에 담아둔 채 주식 투자를 이어간다.

예를 들어, 내가 매입한 주식이 수출을 앞뒀다는 호재만을 바라보게 된다. 하지만 위험 요인에 재무제표가 매우 나쁘다는 것과 아직 MOU(양해각서) 단계라서 실제 수출 계약은 이루어지지 않았다는 점은 애써 무시한다. 주가는 이미 수출이 타결된 것처럼 먼저 반영되어 올라갔다. 애정편향에 빠지면 주위 사람들도 끌어들인다. 결국 정식으로 계약이 체결되지 않아 그 주식은 하락했지만 호재가 아직 남아 있다고 믿어 희망의 끈을 놓지 않게 된다. 주식시장에서 피해야 할 요인 중의 하나는 유연한 사고다. 애정편향만을 지닌 채 바라보면 악재가 발생했을 때 극복하지 못하고 결국 실패하게 된다.

레버리지를 일으키기 위한 네 가지 조건

1. 독서는 나의 힘이다.

관련 경제 서적을 꾸준히 찾아 읽고 공부해야 한다. 직장인이라면 주중에 회사에 시달리며 모든 에너지와 시간을 빼앗겼을 것이다. 하지만 주말은 조금 다를 수 있다. 남아 있는 에너지를 레버리지를 위한 자양분으로 만들어가야 한다. 피곤하고, 쉬고 싶다면 평생 레버리지 당한 채 전전긍긍하면 살아갈 수밖에 없다. 하루 10분이라도 미래를 위해 투자한다는 마음으로 독서 습관을 만들어야 한다.

2. 꼭 기록하라.

독서가 습관이 되었다면 이제는 기록해야 한다. 책을 읽는 행위는 인풋(Input)이다. 이때 머릿속에 지식으로 남는 비율은 채 30%가 되지 않는다. 하지만 글로 쓰게 되면 인풋이 아웃풋(Output)으로 바뀌며, 시각화 효과를 얻게 된다. 손으로 쓰는 게 어렵다면 블로그를 만들고 중요하다고 생각되는 내용을 요약해 정리하자. 자신의 생각도 정리하고, 시각화 효과가 발현돼 경제를 읽는 눈이 레버리지될 것이다.

3. 직접 시뮬레이션하라.

레버리지는 100%의 자산으로 200%의 효율을 노리는 방식이다. 반대로 자산이 50% 하락한다면 내 자산을 모두 잃을 수 있다. 투자 적기에 레버리지를 일으킨다면 내 자산은 2배로 불어날 수 있다. 이를 반복하면 2배는 4배가 되고, 그 4배는 8배가 되는 복리 효과를 누릴 수 있는 투자법이다. 레버리지를 하기 전에 눈을 감고 차분하게 생각해보자. 자신이 지금 대중과 똑같이 휩쓸리고 있는 건 아닌지 점검해야 한다. 가슴을 차갑게 누르고 공부를 통해 투자 타점을 잡아야 한다. 의외로 투자 기회는 무한히 주어진다. 조급한 건 시장이 아니라 내 선택이다. 시장은 죄가 없다. 레버리지를 잘못 일으킨 내 투자 실력이 문제가 된다. 투자하기 전 전체 시장을 객관화하고 투자해도 좋은지 시뮬레이션하는 습관이 필요한 이유다.

4. 애정편향에 빠지지 마라.

레버리지에 성공하기 위해서는 수익을 확정 지을 필요가 있다. 애정편향이 무서운 건 시장을 객관화하지 못하고 전문가의 말조차 귀에 들어오지 않는다는 점이다. 수익이 발생해도 수익 실현을 하지 않은 채 계속해서 끌고 간다. 레버리지는 위험을 동반하기 때문에 버블이 생겼다고 생각하면 분할 매도하며 수익을 확정하고 시장에서 빠져나와 다음 기회를 노려야 한다. 그래야 또 다른 기회가 찾아온다. 레버리지는 시장의 흐름 변화에 대응하는 투자다. 맹목적으로 사랑에 빠진다면 반드시 위험 요인은 악재로 변해 나에게 돌아온다.

레버리지 타이밍을 모르는 사회초년생들은 시장 꼭대기에서 레버리지를 일으켜 큰 위기에 처하곤 한다. 왜 이러한 현상은 끊임없이 반복되는 걸까? 우선 경제 흐름을 읽는 경험이 부족하고, 공부도 하지 않은 채 대중에 휩쓸려 즉흥적인 판단을 하기 때문이다. 단편적인 부분만 보고 있으므로 이번 한 번이 나에게 오는 유일한 기회라고 생각하기 때문에 무리하게 버블 구간에서 투자하게 된다.

레버리지는 타이밍 전략이다. 레버리지 타이밍이란 지금이 버블 구간인지, 상승 초입인지, 하락 초입인지 구분해 레버리지 타이밍에 맞춰 투자하는 전략을 말한다. '초보자니까, 공부가 어려우니, 해본 적 없는 분야라서'와 같은 변명은 통하지 않는다. 공부가 병행되지 않으면 시장은 투자자의 돈을 반드시 빼앗아간다.

자본은 공부를 게을리 한 투자자에게서 공부를 꾸준히 한 투자자에게로 이동한다. 이것이 레버리지 시스템에서 움직이는 규칙이다. 규칙을 모르고 게임에 뛰어든다면 100전 100패할 수밖에 없다. 지금부터 레버리지 타이밍에 맞춰 투자하는 방법과 투자 실력에 맞춰 어떻게 레버리지를 해야 하는지 알아가보자.

수익 극대화를 위한 레버리지 타이밍

2008년 금융위기를 시작으로 저금리 시대로 전환되었다. 당시 미국의 금융 붕괴로 인해 전 세계는 공황에 빠졌고 연방준비은행은 대공황을 막기 위해 양적 완화(돈 풀기)와 저금리 정책을 펼쳤다. 이후에도 유럽 재정 위기, 코로나19로 위기가 이어지며 양적 완화 정책과 저금리 기조를 유지했다. 풍부한 유동성은 증시와 부동산으로 흘러들어와 자산의 버블을 만들었다. 저금리 기조는 코로나19 이후 거대한 유동성 공급으로 이어져 국내를 비롯해 전 세계 부동산은 천정부지로 치솟았다.

코로나19로 인한 버블 당시 레버리지 타이밍을 모른 채 투자한 동료들이 수도 없이 많았다. 당시 나는 동료들에게 지금은 부동산에 투자하면 위험하다고 수도 없이 경고했지만, 이미 분위기에 휩

쏠린 동료들은 부동산 꼭지에 무리하게 주택을 구매했고 지금은 부동산 하락으로 인한 자산 손실과 인플레이션으로 인한 급격한 금리 인상으로 인해 고통을 겪고 있다.

직장 동료 김 과장은 자본금 4억 원에 빚 5억 원을 내어 송도 아파트를 분양받았다. 그러나 곧 미국에 인플레이션이 발생하면서 불행이 시작됐다. 그가 매수한 아파트 가격은 현재 6억 원에 거래되고 있으며, 이자는 2배로 뛰었다. 원리금을 포함해 매달 400만 원을 고스란히 은행에 내야 한다. 원금의 가치는 아파트가 9억 원에서 6억 원으로 하락하자 2억 원으로 줄어들었다. 고금리 정책이 언제 끝날지, 부동산이 다시 오를지 기약이 없는 상태다.

레버리지에 성공하기 위해서는 이것 하나는 꼭 명심하자. 모든 자산은 영원히 상승하지 않는다. 급격히 오른 자산은 반드시 하락한다. 투자하면서 이것 하나만이라도 머릿속에 각인시켜놓는다면 상투를 잡을 일은 없다. 구체적으로 두 가지를 꼭 살피자.

1. 사이클을 구분하라.

투자 구간을 스스로 구분하는 연습을 해나가야 한다. 투자에는 정답이 없으므로 기준은 투자자마다 다르다. 결국 사이클을 공부하고 경험과 융합해 나만의 투자 사이클을 만들어가야 한다. 나는 자산 시장을 세 가지로 나눈다. 첫 번째 상승 사이클, 두 번째 하락 사이클, 세 번째 버블 구간이다. 시장은 위험자산과 안전자산으로 구분되는데 위험자산은 수익과 손실의 폭이 크다. 현재 위험자산의 대장은 나스닥이다. 나스닥의 상승 사이클과 하락 사이클에 따라 모든 위험자산은 하락과 상승을 반복한다. 반대로 안전자산은 대체로 범위가 정해져 있어 일정한 가격을 오르내린다. 그렇다면 이러한 결론에 이를 수 있다. 상승 사이클 초입에 투자하면 큰 수익이 나고 버블 구간 이후 하락 사이클에 시장에서 빠져나오지 못하거나 버블 구간에 무리하게 투자한다면 큰 손실이 발생할 수 있다. 그렇다면 레버리지는 언제 일으켜야 할까? 바로 상승 사이클 초입이다.

2. 세계 증시 기준점인 미국 증시를 분석하자.

왜 부자는 한정되어 있고, 자본을 적절히 레버리지하기란 어려운 것일까? 부자가 수많은 실전 경험과 공부를 통해 오류를 줄이는 연습을 해나간다면, 계속 실패를 반복하는 사람들은 대중에 휩쓸려 버블 구간에 투자하기 때문이다. 특히 레버리지 투자에는 위험이 동반되기 때문에 여러 번 이야기해도 모자라지 않을 만큼 경제 공부는 필수다. 과거 미국 증시의 하락률을 살펴보면 2008년 금융위기를 제외하고 근래에는 고점 대비 30% 선에서 하락장은 마무리되었다. 투자에 성공한 자본가들은 사람들이 공포에 떨며 투자

과거 고점 대비 하락률

1929년 대공황	-85%
1987년 블랙 먼데이	-18%
2008년 미국 발 금융위기	-56%
2018년 연방준비은행 금리 인상	-30%
2020년 코로나19	-30%
2022년 연방준비은행 금리 인상	-35%

를 망설일 때 레버리지를 통해 자산을 급격히 늘려왔다. 앞으로 어떠한 경제 위기로 인해 하락장이 올지 모르겠지만, 하락장이 진행되면 위기의 재료를 분석할 줄 알아야 한다. 지수가 30% 하락한다면, 레버리지 타이밍을 잡을 시기다.

모든 자산은 미국을 중심으로 흐른다. 미국에서도 나스닥을 기점으로 상승장과 하락장이 만들어진다. 따라서 나스닥의 흐름을 모르고 투자하는 건 눈을 가리고 투자하는 것과 같다.

나스닥 월봉을 살펴보자. 첫 번째로, 월봉 60일선 부근에 도달하면 레버리지 타이밍을 노려보자. 두 번째로, 고점 대비 30%까지 하락하면 투자를 고려해보자. 세 번째, 예외 변수가 있으므로 금융위기와 같은 사건은 따로 점검해보자. 레버리지 ETF의 경우 나스닥의 사이클에 맞춰 상승과 하락을 반복한다. 나스닥의 상승 초입이 레버리지 ETF 종목들의 상승 초입일 확률이 매우 높으며, 하락

하락장에서 레버리지 타이밍 찾기

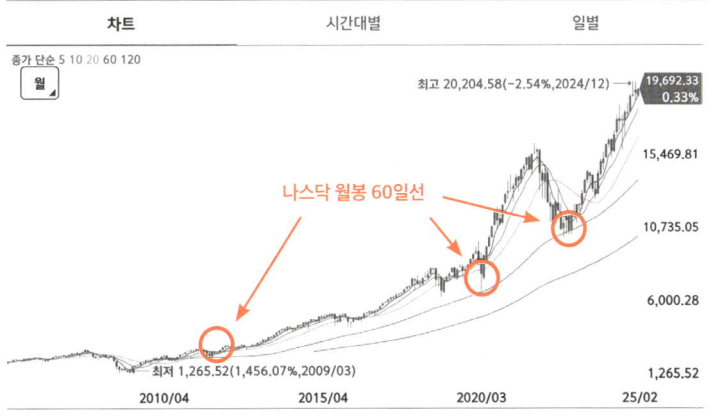

출처: 키움증권 HTS

장이 진행되면 대부분의 레버리지 ETF 종목들 모두 하락할 확률이 높아진다. 미래 성장을 예상해 투자하고 싶은 ETF가 있다면 나스닥을 기준으로 레버리지 타이밍을 누리면 수익을 극대화할 수 있다.

버블 구간에서 투자 기준 찾아가기

레버리지를 하지 말아야 할 조건이 하나 있다. 바로 버블 구간이다. 특히 나스닥과 같이 움직이는 ETF 종목은 버블 구간에서 레버리지를 일으키면 안 된다. 레버리지 ETF의 경우 50% 하락하면 원금이 사라질 수 있는 위험성이 상존한다. 예를 들어, 양자 컴퓨터의 대장주 아이온큐는 저점에서 넉 달간 8배 상승했다. 아이온큐의 차트를 살펴보았다면 그 구간은 투자할 수 없는 시기라는 것을 알 수 있다. 고점에서 무리한 레버리지를 일으키면 모든 걸 잃을 수 있다.

아이온큐

출처: 키움증권 HTS

1. 과도한 PER 구간에서 레버리지를 피하자.

계속해서 오르는 자산은 없다. 그럼 왜 주가수익비율(PER)이 높은 상황에서 레버리지를 일으키면 안 될까? 과도한 PER 구간에서 추가 버블이 생길 수도 있지만, 반대로 닷컴버블과 같이 큰 하락도 찾아올 수 있다. 만약 고점에서 탐욕을 절제하지 못하고 레버리지를 일으킨다면 자산을 크게 잃을 수도 있다. 급격히 자산이 상승했다면, 현금화한 뒤 다른 투자처를 찾아봐야 한다.

닷컴버블 S&P 500(PER 25)	고점 대비 70% 하락
코로나19 버블 S&P 500(PER 22)	고점 대비 30% 하락
AI 버블 S&P 500(PER 25)	앞으로는?

2. 피뢰침 현상을 보이는 종목은 피하자.

피뢰침 현상이란 급격한 상승 이후 대중의 휩쓸림과 유동성으로 인해 마지막 투자 시점에서 주가가 피뢰침처럼 치솟는 현상을 발한다. 모든 자산이 영원하지 않듯 급격하게 오르면 급격하게 떨어지기 때문에 차트에 피뢰침 현상이 나타난다면 다른 투자처를 찾아보는 것이 현명하다. 피뢰침 현상은 월봉으로 확인해볼 수 있다. 일봉으로 확인하면 흐름을 읽기 어렵기 때문에 투자 전에 시장에 휩쓸림이 없는지, 급격한 피뢰침 현상이 나타나고 있지는 않은지 확인하는 습관을 길러야 한다.

엔비디아

출처: 키움증권 HTS

3. 남들과 반대로 투자 시각을 넓혀가자.

레버리지에 성공하기 위해서는 타인과 반대로 세상을 바라봐야 한다. 채권 레버리지 UBT ETF를 살펴보자. 채권은 금리와 반대로 움직인다. 코로나19 당시 저금리 정책 덕에 채권 ETF의 가격이 치솟았다.

미국은 과도한 고금리 상황을 맞이하면 저금리 상황을 만들고 싶어한다. 경제에 부담이 되기 때문이다. 하지만 인플레이션에 대한 우려 때문에 쉽사리 금리를 내리지 못하는 부분이 있다. 바로 인

20년 이상 미국 채권 2배 프로셰어즈 ETF

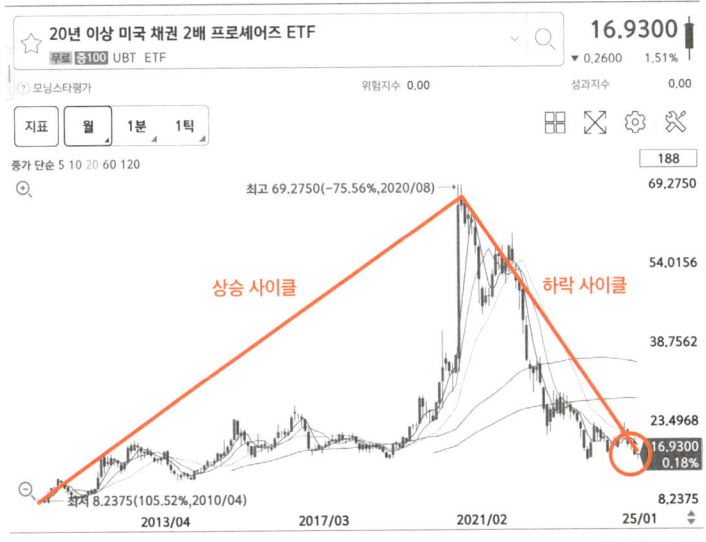

출처: 키움증권 HTS

하할지 시간이 지나야 정책이 바뀔지는 변수로 남아 있다. 급격히 올라갈 때 따라가는 투자가 아닌, 충분히 하락한 후 다음 사이클이 기대될 때 레버리지를 일으켜보자.

안정형 투자 성향을 위한 50 대 50 법칙

시드머니는 적고 돈은 빨리 모으고 싶은 조급한 마음에 아무런 전략 없이 레버리지에 즉흥적으로 뛰어드는 투자자들이 의외로 많다. 남들이 크게 수익을 냈다는 말을 들으면 뒤처질까 두려워하는 포모(FOMO, Fear of Missing Out)로 인해 나도 모르게 급등 주식이나 레버리지 투자에 진입하는 투자자들도 여전히 많다.

세상에는 수많은 함정이 존재한다. 쉽게 돈을 벌 수 있는 구조에는 항상 위험이 뒤따른다. 초보 투자자일수록 이러한 함정이 존재한다는 것조차 모른 채 무작정 시장에 휩쓸린다면 실패할 수밖에 없다. 레버리지에 성공한 투자자는 자산을 통제하고 꾸준한 경제 공부를 통해 성공 확률을 높일 수 있는 레버리지 타이밍을 안다. 워런 버핏은 60세 이후에 현재의 자산을 일구었다. 우리 역시 워런 버핏처럼 시간을 믿고 공부를 통해 투자 기회를 찾아가야 한다.

　투자 시장에서 최악의 선택은 조급함이다. 대중이 한 방향으로 달려가고 나만 뒤처진 느낌을 받을 때야말로 버블 구간일 가능성이 크다. 나 역시 2024년 에코프로 투자를 통해 그 무서움을 뼈저리게 알 수 있었다. 많은 사람들이 2차전지가 이슈가 되자 급격히 피뢰침 현상(버블)이 발생하는 구간에 들어갔다. 다들 욕망을 누르지 못하고 투자에 뛰어들었고, 지금은 10명 중 8명이 손실을 보았다.

　사람마다 투자 성향이 다르다. 안정형을 추구하는 투자자가 있고, 안정과 공격을 동시에 추구하는 중립형 투자자, 공격적으로 투자하는 투자자가 있다. 각자 투자 성향에 맞춰 자신이 어떤 투자 성향을 지녔는지 알아본 뒤 어떤 방향으로 나아가야 하는지 나만의 투자 방식을 찾아보자.

안정형 투자자를 위한 레버리지 투자

　연 20% 수익을 냈다고 가정해보자. 공격적인 성향의 투자자는 아쉬워할 수 있지만, 안정형을 추구하는 투자자는 만족할 수 있다. 각자의 수익에 대한 기대치가 다르기 때문이다. 투자하는 자금 차이도 있다. 안정형 투자 성향을 지닌 투자자의 경우는 수익 기대치가 낮은 편이다. 공격형 투자자는 대체적으로 시드머니가 작다. 시드머니가 커질수록 안정형 또는 중립형으로 변할 수밖에 없다. 안정형은 투자 위험성을 낮은 확률로 줄여나갈 수 있다.

의외로 많은 투자자들이 주식은 위험자산이라고 생각하지 않지만 주식시장에서 거래되는 투자 상품 모두 위험자산으로 분류된다. 위험자산과 안전자산의 차이는 원금 보장 여부에 있다. 원금보장이 안 되며 손실이 수반되는 상품은 모두 위험자산으로 분류된다. 그러므로 나는 레버리지는 길을 걷는 정도만큼 위험하다고 말한다. 여러 위험에 노출되어 있기 때문에 주위의 지형과 사물의 움직임을 잘 살피고 내 걸음걸이를 통제할 줄 알아야 일상에서 안전하게 살아갈 수 있다.

1. 50 대 50의 법칙

안정형 투자자 또는 레버리지 경험이 적은 투자자의 경우 50 대 50의 법칙을 기억하자. 레버리지를 일으키고 싶지만 투자 실력이 불안하다면 1배 레버리지 ETF와 2배 레버리지 ETF에 50 대 50 비율로 투자하는 방식을 추천한다.

레버리지는 경험이 충분히 필요한 분야다. 경제 흐름과 투자 사이클은 한눈에 들어오지 않는다. 다년간 투자를 해온 경험이 많은 투자자들의 노하우를 순식간에 따라갈 수는 없다. 내 투자 실력을 객관화하는 것이 우선이다. 만약 안정형 투자 성향을 지녔다면 1배 레버리지 ETF에 전부 투자해도 좋다. 공부를 통해 꾸준히 실력이 늘었다고 판단될 때 50 대 50의 비율로 바꿔 보는 것도 좋은 투자 방법이다. 투자 경험이 충분히 쌓였다면 그때부터는 1배 ETF 상품에 30%, 2배 레버리지 ETF를 70%로 비중을 늘려도 좋다. 자신이 레버리지를 해도 좋은 성향인지, 레버리지 실력이 향상되고 있는지 확인하면서 투자 성향을 찾아나가야 한다.

2. 범위가 정해져 있는 레버리지 ETF에 투자해보자.

범위가 정해져 있다는 건 주기에 따라 실패를 줄일 수 있다는 뜻이다. 범위가 정해져 있는 상품의 경우 투자 주기가 느리다. 그렇지만 반대로 안전을 추구한다. 안정형 투자자의 경우 자산을 100% 통제하고 싶어하기에 범위가 정해져 있는 투자처를 살펴보자.

코스피 및 코스닥 지수 레버리지 ETF

국내 지수 ETF의 미국 증시보다 변동성이 심하다. 코스피를 대표하는 KODEX 레버리지 ETF의 경우 BPR이 0.8에 도달하거나 월봉 120선에 접근한다면 충분히 저점이기 때문에 과거 데이터를 바탕으로 하락 사이클이 마무리되고 상승 사이클로 전환되었을 때 큰 수익을 노려볼 수 있다. 지수에는 시가총액이 존재하기 때문에 하단이 일정 부분 정해져 있다. 코스닥을 대표하는 KODEX 코스닥 150 ETF의 경우 세븐 스플릿 기법을 통해 1만 원 이하일 때 분할 매수하고 1만 원 이상일 때 매도한다면 충분히 안정적으로 투자할 수 있다. 국내 지수 ETF의 경우 하락장 진입 시 하단이 정해져 있으므로 예측 투자가 가능하다.

환율, 원유, 채권 레버리지 ETF

환율, 원유, 채권의 경우 느리게 움직이기는 해도 상단과 하단이 정해져 있다. 관심 있는 자산을 관찰하다 원하는 가격에 도달하면 분할 매수해보자. 이는 사이클이 바뀔 때 수익을 노릴 수 있는 투자법이다.

국내 원·달러 환율 가격은 2025년 4월 1,460원 부근에 형성되어 있다. 과거 1,460원을 넘어선 건 IMF와 금융위기뿐이었다. 원·달러 환율의 하락 사이클 전환을 예상해 인버스 상품에도 투자해볼 수 있다. 원유 또한 50달러에서 100달러 사이를 오가므로 50달러 밑으로 내려간다면 레버리지 상품에, 100달러를 넘어간다면 인버스 상품을 고려해보자.

채권 또한 금리 사이클에 맞춰 예측 가능한 범위에서 움직인다. 현재는 5%대의 금리가 경제가 이겨낼 수 있는 마지노선으로 여겨진다. 기준금리가 5% 이상 넘어가면 경기 침체가 발생하기 때문에 금리 사이클은 하락 사이클로 전환할 수 있다. 현재는 금리의 상단에 도달했다고 볼 수 있다. 금리가 하락한다면 반대로 움직이는 채권 ETF의 경우 수익을 노려볼 수 있다. 대표적 레버리지 채권 ETF로는 미국 시장에 상장된 UBT가 있다.

중립형 투자 성향을 위한 5분할 투자법

 에쿠니 가오리(江國香織)와 츠지 히토나리(辻仁成)가 집필한 소설인 《냉정과 열정 사이》는 이별한 후 8년 동안의 이야기를 다룬 작품으로 남녀 관계를 세밀하게 그려낸다. 마찬가지로 투자에 성공하기 위해서는 냉정과 열정, 온탕과 냉탕을 수시로 오가는 상황에서 중심을 잡고 냉정하게 지금의 투자 시점을 분석할 수 있어야 한다.

 투자는 기술적 요인보다는 심리적 요인이 투자 성패를 좌우할 때가 많다. 워런 버핏이나 앙드레 코스톨라니(André Kostolany) 등 성공한 투자자들도 기술적 요인보다 심리적 요인을 투자 성패에 가장 주요한 척도로 여기며, 냉정과 열정을 수시로 오가는 투자 시장에서 중심을 잡아가라고 이야기한다. 주식이 폭락할 때 공포 속에서 투자할 수 있는 용기, 버블 구간에서 탐욕을 다스릴 줄 아는 마음, 시장 상황이 변했을 때 내 상황을 객관화하고 카멜레온처럼 시장에 적응하는 힘, 수익과 손실이 나더라도 흥분하지 않고 평정심을 가지는 냉철함이 필요하다.

우리는 중립형 투자 성향을 추구할 필요가 있다. 중립형 투자 성향은 안정성과 수익을 동시에 추구하는 투자 성향을 의미한다. 안정적인 투자 상품에 투자하다가도 기회가 오면 과감하게 하락장에서 레버리지를 일으켜 수익을 극대화한다. 중립형 투자 성향을 가지고 있거나, 앞으로 중립형 투자를 추구하고 싶다면 다음과 같은 투자 방법을 추천한다.

5분할 투자법

5분할 투자법이란 자산 전체를 한 번에 투자하는 대신 사이클에 맞춰 20%씩 쪼개 상황에 맞춰 투자하는 방법이다. 환율과 채권에 기회가 오면 20%씩 투자하고 다음 사이클을 노린다. 국내 증시에만 하락장이 찾아왔다면 지수 ETF에 20% 투자를 해본다. 현금이 있다면 투자 기회는 늘 열려 있고, 기회는 꾸준히 찾아온다. 5분할 투자법은 혈액이 몸속에서 계속해서 흘러가듯 투자 상황에 맞춰 끊임없이 수익을 창출해낸다. 5분할 투자법을 사용하기 위해서는 여러 자산을 공부할 필요가 있다. 아는 만큼 보이기 때문에 공부한 만큼 세상을 보는 시야나 통찰력은 달라진다. 과거에 전혀 모르고 지냈던 투자 섹터도 공부해보자.

1. 꾸준하게 기록하자.

시장에 재빠르게 대응하기 위해서는 기록해야 한다. 직접 메모를 해도 좋고, 블로그를 개설해 투자 상품을 분석해도 좋다. 기록하는 것과 기록하지 않는 것은 투자 실력에 있어 큰 차이가 난다. 다른 이들의 블로그도 참조해보자. 처음에는 오래 걸릴지 모르지만, 고생한 만큼 내 것이 된다. 기록하지 않으면 투자 상황을 객관화하기 쉽지 않다. 기록만 제대로 하더라도 당신은 이미 투자 시장에서 10%의 성공한 투자자 반열에 들어갈 수 있다. 기록하는 힘을 스스로 느껴보길 바란다.

2. 일주일에 한 번 투자 데이를 정해보자.

치팅 데이 대신에 나만의 투자 데이를 정해보자. 주말이나, 평일 저녁 등 본인이 편한 시간을 정해 레버리지 상품들을 검색하고 차트를 확인해보자. 우리는 익숙한 투자처에만 투자하는 성향이 강하다. 노력하지 않으면 단편적인 기회만을 쫓게 된다. 하지만 ETF

시장에는 다양한 상품이 존재한다. 환율, 채권, 지수, 에너지, 원유, 금, 성장성 있는 상품 등 시장은 지금도 흘러가고 사이클은 변화한다. 일주일에 한 번이라도 시장을 점검해본다면 원하는 상품에 투자 적기가 찾아오고 있는지 확인할 수 있다. 관심을 가져야 투자 기회를 볼 줄 아는 눈이 생긴다.

3. 범위 투자 50%, 성장성 ETF에 50%씩 나눠 투자를 해보자.

중립형 투자자의 경우 5분할 투자를 응용해 범위가 정해져 있는 투자처에 50%, 성장성 ETF에 50%를 투자해보자. 중립형 성향의 경우 안정성과 공격적 수익을 동시에 추구하되 3배 레버리지 상품은 지양하고 2배 레버리지 상품으로 한정해서 공략해보자.

성장성 ETF에 투자하기 위해서는 사이클 공부가 필요하다. 현재 성장형 ETF에는 AI 레버리지 ETF, 로봇 & AI 레버리지 ETF, 전기자동차 & 자율주행 ETF, 반도체 레버리지 ETF, 매그니피센트 7 레버리지 ETF 등이 있다. 성장형 레버리지 ETF 상품의 경우 나스닥에 포함된 기업들로 구성되어 있어 나스닥 지수와 함께 움직인다. 레버리지 타이밍은 증시가 하락 사이클에서 충분히 가격이 저렴하다고 판단될 때 레버리지 카드를 꺼내 드는 투자법이다. 성장 가능성이 높다고 판단되는 투자 상품을 미리 선정해놓고 나스닥 지수와 연동해 레버리지 타이밍을 확인하고 투자해야 한다.

2025년 4월은 레버리지를 일으킬 수 있는 투자 구간(버블)이 아니라고 생각한다. 이럴 때에는 채권이나 환율, 과도하게 떨어진 국내 지수 ETF를 공략해보고 나머지 자금은 미국 증시가 하락 사이클에 진입할 경우 성장성 있는 기업에 50%를 투자해보자.

범위가 있는 투자 50%

코스피 및 코스닥 지수 레버리지 ETF

환율, 원유, 채권 레버리지 ETF

성장형 ETF 투자 50%

AI 레버리지 ETF

로봇 & AI 레버리지 ETF

전기자동차 & 자율주행 레버리지 ETF

반도체 레버리지 ETF

매그니피센트 7 레버리지 ETF

공격형 투자 성향을 위한
70 대 30 법칙

이 책을 읽는 투자자들 중 공격형 투자 성향을 지닌 이들도 많을 것이다. 공격적이라는 건 위험도 동시에 수반한다는 뜻이다. 많이 벌 수도 있지만, 모든 걸 잃을 수도 있다. 자산을 통제하고 장기간 시장에서 성공하기 위해서는 중립형 투자 성향으로 바꿔나갈 것을 추천한다.

레버리지 ETF 키워드로 검색을 해보면 상단에 3배 레버리지 상품이 자주 올라온다. 3배 레버리지에 투자하는 투자자들 또한, 왜 자신이 3배 레버리지 ETF에 투자해야 하는지, 정말 지금이 3배 레버리지를 일으켜 투자해야 하는 시점인지 모르고 대중에 휩쓸려 투자하는 경우가 많다. 이는 도박과 같다.

3배 레버리지 ETF는 특히 공격형 투자 성향을 지닌 투자자가 주로 투자하는데 자산이 33% 하락 시 내 자산은 0에 수렴한다. 고위험 투자 상품이기 때문에 위험성에 대해 인식하고 투자하자.

　3배 레버리지 상품을 분석해보면 큰 수익이 날 것같아 보이는 상품들이 눈에 들어온다. 나 또한 분석하다 보면 흔들릴 때가 있다. 그러나 3배 레버리지는 손절매할 수 없을 정도로 변동성이 심하다. 만약 반도체 3배 레버지지 ETF인 SOXL 상품에 투자했는데 필라델피아 반도체 지수가 밤 사이 5% 하락했다면, 대응도 하지 못한 채 15%의 손실을 떠안게 된다. 만약 내 투자 시점이 반도체 사이클에서 버블 구간이라면 15%가 아닌 최대 손실이 발생할 수 있다. 변수와 위험성에 대해 외면하기보다, 위험 요인과 기회 요인에 대해서도 명확하게 알고 투자해야 투자 실수를 보완할 수 있다.

70 대 30 법칙

　3배 레버리지에만 투자하는 후배가 있다. 위험하다고 여러 번 이야기해도 잘 듣지 않는다. 그는 언제나 투자하면서 안절부절한다. 변동성이 워낙 크다 보니 매번 다급하고 감정 기복이 심하다. 스스로도 엄청나게 스트레스를 받지만 수익에 대한 쾌감 때문에 끊어내지 못하는 것으로 판단된다. 70 대 30 법칙은 공격형 투자자라도 자산 비율을 일정 부분 정해서 투자하자고 제안하고 싶다. 욕구와 욕망을 30% 선에서 다스리는 것이다.

성장성 레버리지 ETF 투자 70%

AI 레버리지 ETF

로봇 & AI 레버리지 ETF

전기자동차 & 자율주행 레버리지 ETF

반도체 레버리지 ETF

매그니피센트 7 레버리지 ETF

3배 레버리지 ETF 투자 30%

TQQQ ETF(나스닥 3배)

SOXL ETF(반도체 3배)

TMF ETF(미국 장기채 3배)

주식시장에는 사이클이 존재한다. 상승 사이클 이후에는 버블이 터지고 하락 사이클에 진입한다. 시장은 상승 사이클과 하락 사이클을 무한 반복한다. 하락 사이클 끝자락에서 레버리지를 일으킨다면 수익은 상상을 초월한다. 2022년 12월 금리 인상 이슈가 마무리되면서 증시는 기나긴 하락장을 마무리하고 상승 사이클에 진입

QQQ 레버리지 3배 프로셰어즈 ETF

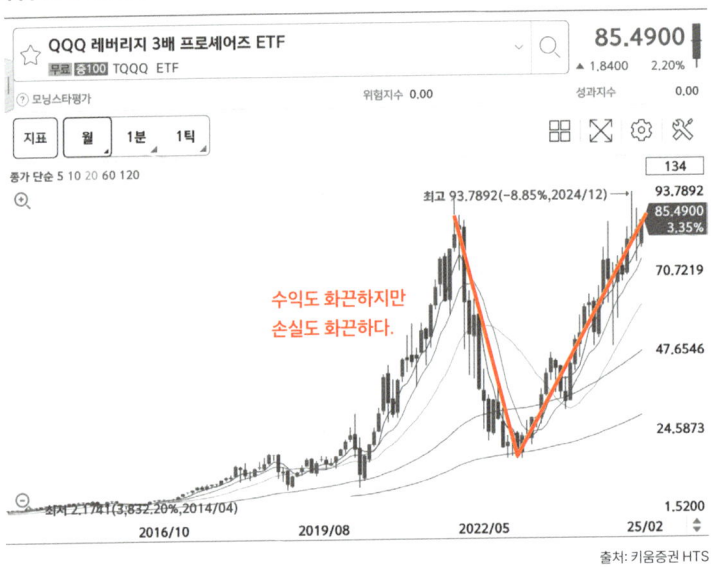

출처: 키움증권 HTS

했다. 대표적인 성장 기업으로 구성된 나스닥 3배 레버리지 ETF인 TQQQ의 경우 수익이 무시무시하다는 것을 알 수 있다. TQQQ는 14달러에서 93달러까지 상승했다.

당시 내 선택은 코스피 레버리지 ETF였다. 하지만 나스닥 3배 레버리지 ETF에 투자했다면, 수익의 차이는 상상을 초월했다. TQQQ의 경우 같은 투자 시점에서 무려 7배 가까이 상승했기 때문이다. 고점과 저점을 정확히 예측할 수 없지만, 산술적으로는 3배 레버리지 ETF의 수익률은 월등하다.

모든 투자는 결과론으로 증명된다. 최종적으로 수익이 났는지 손실이 났는지에 대해 분석할 수밖에 없다. 만약 나스닥의 저점에서 3배 레버리지 ETF를 매입했는데 닷컴버블 때처럼 주가 하락이 발생한다면 모든 걸 잃을 수도 있다. 그러므로 결과의 아쉬움보다는 어떻게 하면 꾸준히 수익을 내서 성장해가는가에 초점을 맞춰 투자해야 한다.

공격형 레버리지 투자자의 경우 투자 성향을 억누르라고 이야기할 수는 없다. 하지만 위험과 기회 요인은 명확하게 알고 투자하자고 제안하고 싶다. 자산의 30% 선에서 3배 레버리지에 투자하고 레버리지를 일으켜도 되는 타이밍인지를 진지하게 고민한 뒤 투자 시점을 잡아보자.

대표적인 미국 3배 레버리지 ETF

티커	ETF 명	운용사	비용(%)	기초 지수	배수
TMF	장기채	Direxion	0.89%	ICE U.S. Treasury 20+Year TR USD	3배
SOXL	반도체	Direxion	0.79%	NYSE Semiconductor TR USD	3배
LABU	바이오	Direxion	0.92%	S&P Biotechnology Select Industry TR	3배
PILL	제약, 의료	Direxion	0.95%	S&P Pharmaceuticals Select Industry TR	3배
UPRO	대형주	ProShares	0.91%	S&P 500 TR	3배
CURE	헬스케어	Direxion	0.91%	Health Care Select Sector TR	3배
TECL	빅테크	Direxion	0.89%	Technology Select Sector TR	3배
FAS	금융주	Direxion	0.89%	Financial Select Sector TR	3배
NAIL	건설주	Direxion	0.93%	Dow Jone U.S Select Home Construction TR	3배
EURL	유럽	Direxion	0.95%	FTSE Developed Europe All Cap Net Tax TR USD	3배
EDC	신흥국	Direxion	0.95%	MSCI Emerging Markets NR USD	3배
KORU	대한민국	Direxion	0.96%	MSCI Korea 35/50 NR USD	3배
UDOW	다우지수	ProShares	0.95%	Dow Jones Industrial Average CR	3배
UPRO	S&P 500	ProShares	0.91%	S&P 500 TR	3배
TQQQ	나스닥 지수	ProShares	0.83%	NASDQA 100 TR	3배

출처: ETF 체크

부록

레버리지 투자

여기서는 레버리지 투자에 대한 질문과 답변으로
몇 가지 주요 내용들을 요약해본다.

Q1. 2025년은 적극적으로 투자해도 되는 시기일까요?

A. 투자에서 예측할 수 없는 두 가지가 있습니다. 바로 광기와 패닉인데요. 광기는 모두가 오를 만큼 올랐다고 생각하지만, 대중의 광기와 만나 더 상승하는 현상을 의미하고 패닉은 모두가 하락할 만큼 하락했다고 생각하는데 추가로 폭락하는 상황을 의미합니다. 인간은 고점과 저점을 맞출 수 없기에 자신이 원하는 투자 구간을 100%이라고 상정한 뒤 성공 확률이 80% 지점에 도달했을 때 분할 매수 매도 전략을 쓰는 게 바람직합니다.

  미국 증시는 S&P 500 기준으로 2025년 4월 주가수익비율(PER) 25에 도달해 있습니다. 역사적으로 PER이 25에 도달했던 시기는 닷컴버블 직전뿐이었습니다. 전문가마다 해석이 다를 수 있으므로 정답이 딱히 정해져 있는 것은 아닙니다만 PER이 닷컴버블 당시만큼 높다면 저는 투자하지 않습니다. 각 자산은 시기에 맞는 매력적인 투자 상품이 존재합니다. 시장을 냉정하게 보고 지금이 정말 성공 확률이 높은 투자 시기인지는 확인하고 투자하시길 바랍니다. 꼭 투자하고 싶다면 자산의 30%만 투자하는 건 어떨까요.

> **Q2. 2025년도에는 어떤 ETF와 연결해서 투자하면 좋을까요?**

A. 저는 두 가지 시나리오를 짜서 시장에 대응하고 있습니다. 첫 번째로 미국 증시가 현재 고평가 구간이라 판단해 하락장에 대비하고 있으며 두 번째로 사이클 투자를 하고 있습니다. 현재 증시가 버블 구간으로 올라갈지는 저 역시 모릅니다. 대중의 욕망과 만났을 때 또 다르게 발현될 수 있기 때문이죠. 현재 미국의 빅테크를 중심으로 구성된 ETF 상품의 가격이 꽤 올랐습니다. 반도체 ETF 지수를 2023년 1월부터 상승 사이클 초입이라고 본다면, 2년 동안의 상승은 AI 기반을 다지는 사이클로 보고 있습니다. 후반부는 당연히 AI 연결된 생태계 확장일 겁니다.

과거 인터넷 혁명, 전기자동차 사이클에서 시장은 강한 상승을 보인 후 캐즘이 발생했습니다. 하지만 요즘은 기술의 보급이 워낙 빨라졌고, 미국의 빅테크 기업들이 AI와 연결된 산업으로 다양하게 영역을 확대하고 있으므로 한 번 더 버블 구간에 진입할 수도 있다고는 생각합니다. 하지만 이 모든 생각은 예상일 뿐이지 저 역시 시장을 맞출 수는 없습니다. 그렇기 때문에 미래 성장 ETF의 경우, 지금보다는 조정이 왔을 때 매수한다면 좋을 듯합니다.

증시가 고평가되어 있는 상황에서 현금만 들고 있자는 얘기는 아닙니다. 현재 부자들은 채권 쪽으로 자금을 이동시키고 있습니다. 트럼프 2기 행정부도 금리 인하를 원하고 있고요. 다만 인플레이션의 잔불이 남아 있기 때문에 바로 금리 인하라는 카드를 꺼내지는 않을 것으로 예상됩니다.

하지만 지금은 미국도 오래 버티기 힘든 고금리 상황입니다. 시간이 걸리더라도 금리가 인하되면 채권은 매력적으로 다가올 수 있습니다. 달러는 1,450원을 오르내리고 있습니다. 과거 1,450원을 넘어선 건 지금을 포함해 역사적으로 세 번뿐이었습니다. 조심스럽지만 국내 상장된 달러 인버스 상품에 투자해도 괜찮은 위치라고 보입니다. 자산은 시간이 지나면 사이클이 바뀌기 때문입니다. 2차전지 레버리지 상품 또한 각종 규제로 인해 고점에서 90% 이상 하락해 있습니다. 당장 사이클이 바뀌는 건 아니지만 충분히 저렴한 구간에 온 자산들은 투자를 고려해볼 수 있습니다.

Q3.

**레버리지 ETF 투자 시
위험을 어떻게 회피해야 할까요?**

A. 스스로 위험을 통제하고 다룰 줄 알아야 합니다. 국내 일일 거래량 상위 종목을 살펴보면, 열 종목 중 세 종목이 레버리지 상품입니다. 해외 3배 레버리지 ETF 상품의 주된 고객은 대한민국 투자자들입니다. 레버리지 투자 구조는 단기 투자를 위해 만들어진 상품은 맞습니다. 하지만 레버리지 타이밍을 찾아 나가는 공부만이 나의 자산을 기하급수적으로 늘릴 수 있습니다.

단기 투자는 방향성을 맞추는 게임이지만 하루이틀 사이의 변동성을 매번 맞출 수는 없습니다. 저는 2023년 1월 KODEX 레버리지 ETF 상품에 투자해 60% 수익을 확정했음에도 미국 증시만큼 오르지 않는 걸 수상하게 여겨 전량 매도했습니다. 레버리지 ETF 상품 보유 기간은 1년 4개월로 레버리지 ETF 장기 투자 시 겪게 되는 끌림 현상은 다소 있었지만, 레버리지 타이밍만 찾아간다면 중장기 투자도 괜찮습니다. 단 3배 레버리지 상품은 제외입니다. 투자 시장에서 10%만이 살아남는 이유는 결국 자산을 통제하고 꾸준히 경제 공부를 하면서 레버리지 타이밍을 찾아갔기 때문입니다. 저는 레버리지 타이밍은 위기에서 찾아온다고 생각합니다.

마지막으로, 자산을 100% 한 종목에 투자하면 안 됩니다. 버블 구간에서도 투자할 수 있는 상품이 있고 자산이 폭락하면 투자할 수 있는 상품이 있습니다. 특히 레버리지는 위험이 상존해 있기 때문에 자산을 최소 3분할에서 5분할 할 것을 추천합니다. 위기는 항상 찾아오지만, 통제하고 다룰 때 다음 기회를 엿볼 수 있습니다.

Q4.
국내 레버리지 ETF가 좋을까요?
해외 레버리지 ETF가 좋을까요?

A. 미국 레버리지 ETF의 경우는 이번 사이클에서 보더라도 더 많은 기회와 수익을 안겨주었습니다. 저도 2023년 1월 코스피 지수를 추종하는 레버리지 ETF에 투자해 수익을 거뒀지만 아쉬운 부분이 있었던 건 사실입니다. 만약 미국과 국내로 나눠 50 대 50으로 투자했다면 수익은 달랐으리라 생각됩니다. 앞으로 미국은 기술주 전성시대에 진입할 것입니다. 기술주의 흐름을 읽지 못한다면 수익을 내기 힘들어집니다. 미국에서 기회가 더 많으리라 보고 있습니다.

참고로 미국 ETF에서 수익을 거둘 경우 22%의 세금이 발생합니다. 국내 지수 레버리지 ETF나 반도체 레버리지 ETF, 2차전지 산업 레버리지 ETF의 경우 과표기준가 변동이 적어 세금은 미미합니다. 기회가 온다면 세금이 없는 레버리지 ETF 상품으로 자산을 이동시켜 투자하는 것도 좋아 보입니다. 맹목적으로 해외 주식에 투자하기보다 공부를 통해서 투자의 다양성과 기회 요인을 찾아갔으면 합니다.

> **Q5.**
> **국내 레버리지 ETF의 경우 세금 부분에 대해서 다시 한 번 이야기해줄 수 있을까요?**

A. 미국 레버리지 ETF의 경우 단순합니다. 250만 원 이상 수익이 발생하면 22%를 과세합니다. 2,000만 원 이상 매매 차익이 발생하더라도 금융소득 종합과세 대상에 포함되지 않습니다. 미국 레버리지 ETF의 경우 연 250만 원 이상을 번 금액만 22%의 세금을 다음 해 5월 국세청에 신고하면 끝입니다.

국내 레버리지 ETF의 경우 조금 복잡합니다. 국내 레버리지 ETF에 발생한 매매 차익을 배당소득세로 보기 때문에 15.4%의 과세가 발생합니다. 여기에 더해 특정 상품의 경우 연간 2,000만 원 이상의 매매 차익이 발생하면 금융소득 종합과세 대상에 포함됩니다. 만약 레버리지 상품에 투자했는데 15.4%의 세금과 2,000만 원 이상 금융소득에 대한 과세가 발생한다면 국내에 투자한 이유가 없어질 수도 있습니다.

국내 레버리지 ETF의 경우 과표기준가와 매매 차익 중 적은 값에 대해 15.4%, 2,000만 원 이상 수익 시 금융소득 종합과세 대상 여부가 결정된다고 알려드렸는데요. 지수 ETF나 반도체, 2차전지 레버리지 ETF의 과표기준가를 살펴보면 과표기준의 변화가 거의 없습니다. 즉, 수익이 발생해도 과표기준가에 변화가 없어서 15.4% 라는 세금은 미미하게 적용됩니다. 종합과세 기준 또한 2,000만 원을 초과한 금액에 대해 발생하기 때문에 과표기준에 변화가 없다면 종합과세 기준에 포함되기 힘듭니다.

환율, 원유, 국내에 상장된 해외 레버리지 ETF의 과표기준가를 살펴보면 ETF의 가격 상승과 같이 움직입니다. 국내에 상장된 해외 레버리지 ETF의 경우 2025년 2월 10일 1,000원에서 2월 20일 1,500원으로 상승했습니다. 이런 경우 과표기준가도 같이 적용되기 때문에 500원에 대한 매매 차익 15.4%, 2,000만 원 이상 수익 시 종합과세 기준에 적용됩니다.

반대로 국내 레버리지 지수 ETF의 경우 2025년 2월 10일 매매 가격과 과표기준가 모두 1,000원이었고, 2월 20일 매매 가격이 1,500원으로 상승했지만, 과표기준가가 1,030원이라면 과표기준가인 30원에 대한 15.4%를 배당소득세로 적용하기 때문에 세금은 미미합니다.

> **Q6.**
> **왜 다양한 ETF에 대해서 알면 좋을까요?**

A. 우리는 매일 비슷한 것을 보고 같은 일을 반복하기 마련인데, 이렇게 되면 다른 사고를 하기가 힘들어집니다. 변화를 주지 않으면 생각의 범주는 확장되지 않고 고립됩니다. 성장을 통해 부자가 되고 싶다면, 매일 반복하는 일에서 조금씩 벗어나 평생 해보지 않았던 일에 도전해보시길 바랍니다. ETF 투자도 마찬가지인데요. 《ETF 사용설명서》에서도 금, 원유, 반도체, 부동산, 환율, 배당금, 해외 상장 ETF 등 다양한 ETF에 관해 소개하는 부분이 있었습니다. 한 독자분이 왜 이렇게 다양한 소개를 했는지 이유를 모르겠다는 피드백을 해주신 적이 있습니다. 다양한 ETF에 대해서 알수록 수익구조를 안정적으로 꾸려가면서 다각화시킬 수 있어서입니다.

2025년, 미국 증시는 엔비디아를 비롯한 기술주 조정이 시작되었습니다. 나스닥은 6% 하락했고, 엔비디아나 테슬라 역시 고점에서 20% 가까이 하락했습니다. 저는 이런 상황을 보고 엔 ETF, 미국 장기채권 레버리지 ETF, 높은 원·달러 환율(1,450원)로 인해 환 헤지 되어 있는 국내에 상장된 미국 장기채 커버드콜 ETF에 투자했습니다. 이 상품은 월 배당이 연 12%입니다. 하락 구간에서 수익을 낼 수 있었던 건 꾸준한 경제 공부와 다양한 ETF 공부를 통해 투자처를 미리 선점했기 때문입니다. 원·달러 환율이 높다면 달러 인버스 상품, 미국이 경기 침체에 들어간다면 채권 ETF, 일본의 금리 인상 기조가 진행된다면 엔 ETF에 투자해도 좋아 보입니다. 워런 버핏 또한 현금화 및 단기 채권(배당금 4% 이상) 상품에 투자하며 기회를 살피고 있습니다. 증시가 큰 폭으로 조정된다면 반도체 ETF나 지수 ETF, AI ETF 등으로 스위칭 전략을 펼치면 됩니다. 투자에서 가장 크게 수익이 나는 구간은 증시가 폭락하고 상승 사이클로 전환될 때입니다.

> **Q7.**
> **마지막으로 레버리지 투자자들에게 조언한다면?**

A. 며칠 전 뉴스에서 스크루플레이션(Screwflation)이라는 신조어를 접했습니다. 나사를 돌려 조인다는 의미의 스크루(screw)와 물가 상승을 가리키는 인플레이션(inflation)의 합성어로, 물가는 지속해서 오르는데 임금은 그대로이다 보니 실질임금이 감소하고 결국 중산층의 가처분소득이 줄어들게 되면서 점점 나빠지는 경제 상황을 뜻합니다. 물가가 상승하면 중산층의 관점에서 들어오는 돈은 줄고 나가야 할 돈은 늘어나게 되어 점차 소비가 위축되고 결과적으로 경기가 제대로 살아나지 못하는 악순환에 빠지게 됩니다.

저는 지금의 대한민국 상황이 인플레이션을 넘어 스크루플레이션 상황에 돌입했다고 보고 있습니다. 같은 월급이라도 자산 가치는 계속해서 줄어들고 있기 때문에 레버리지를 일으키지 않으면 가파르게 올라가는 물가 속도를 따라가기 힘들어집니다. 부자나 자본가 대부분 레버리지를 일으켜 자산을 늘려나갑니다.

레버리지에는 위험 요인과 기회 요인이 동시에 존재합니다. 부자는 기회 요인과 함께 위험 요인도 통제해나가기 때문에 수익을 극대화할 수 있고 자산을 기하급수적으로 늘립니다. 레버리지 투자에 뛰어드는 투자자들은 급격히 늘어나고 있는데 레버리지를 효과적으로 활용하는 투자 방법을 소개하는 책이 없다 보니 단기 투자에 연연하게 되고 버블 구간에서 과도한 레버리지를 일으켜 휩쓸리는 투자를 하게 됩니다. 인플레이션 상황을 잘 이용해보고자 투자했지만, 자산 손실이 발생한다면 레버리지를 일으키지 않는 게 더 나은 선택일 겁니다. 위험 요인과 기회 요인 둘 다 통제하며, 모두가 자산을 레버리지했으면 하는 바람을 담아 이 책을 출간했습니다.

**39세 부자 아빠의
레버리지 ETF 투자 노트**

초판 1쇄 인쇄 2025년 4월 11일
초판 1쇄 발행 2025년 4월 18일

지은이 제이투
발행인 선우지운
편집 이승희
표지디자인 엄혜리
본문디자인 박은진
제작 예인미술

출판사 여의도책방
출판등록 2024년 2월 1일(제2024-000018호)
투고 및 문의 yidcb.1@gmail.com
인스타그램 @yid_cb
유튜브 @yidcb
엑스 @yidcb

ISBN 979-11-992079-0-5 03320

• 저자와 출판사의 허락 없이 내용의 일부를 인용하거나 발췌하는 것을 금합니다.
• 잘못되거나 파손된 책은 구입한 서점에서 바꾸어 드립니다.
• 책값은 뒤표지에 있습니다.